不乖

哈佛导师的自我突破心理学

人生の悲劇は「よい子」に始まる

〔日〕加藤谛三◎著

巫文嘉◎译

江苏凤凰文艺出版社
JIANGSU PHOENIX LITERATURE AND ART PUBLISHING, LTD

目 录
CONTENTS

序　言

幼年的心理创伤，支配人们的一生

▼

▽

遭父母忽视的恐惧

孩子心中怀着各种恐惧，其中一种就是害怕被父母忽视。对孩子来说，这是相当不得了的。这样的惧怕之心会使得孩子违背本性，更给往后的人生留下难以治愈的后遗症，彻底支配着这个人。

幼年时期曾经有过如此恐惧的孩子，即使长大成人也不容易摆脱阴影。举例来说，这类人总是不断揣测他人心思，想方设法让对方把注意力停留在自己身上，或者总是替对方当牛做马。

这样的人就算拼了老命，还是会陷入不安、忧烦无限的泥沼里。到后来，他们时时刻刻都得绷紧神经，原本应该办得到的事也变得无能为力，无法发挥出自己原有的能力。

遭到忽视是非常可怕的，所以他们老是紧张兮兮地怕被抛弃，这样的情绪让他们全身紧绷。当面对一个全新环境时，这类人不会尝试发掘自己的可能性，反而对新环境充满担忧。

重压在心灵深处的恐惧在幼年时期相对严重，因为对孩子来说，他没有能力独自面对生活中的种种问题。无论事实上真的被忽视与否，关键是孩子本身感受就是如此。

父母可以辩称自己抓狂的行为是一时情绪反应，不过孩子却无法这样理解。怀抱着“恐怕遭到忽视”这种想法的孩子，心理随时处在不安定的状态，总是跟有朝一日会被抛弃的不安感对战。**人的内心越是不安，越是牢牢抓住对方不放。**

越是这样的人，对于对方的言谈举止就越敏感。对方单纯的一句话或小动作，都会令他怀疑自己是否被讨厌。不安与恐惧越是强烈，越容易把对方的言行认定是对自己不利的，并感到自卑。

怀着自卑感的人，之所以会过度在意自己的弱点，不安的情绪是其根源。当内心背负着可能遭到忽视的不安，对方的无心之言都会被他解释成针对自己弱点的责难。一旦与对方发生些许摩擦，他会立刻与自己的缺点联结，害怕自己可能会被抛弃，内心局促。相对地，成长过程中没有遭遇到可能被抛弃、没有这些不安的人则内心强大，什么都不畏惧。

我个人的笔记本里，记录了一些关于对原生家庭感受的文字，篇幅多达230页。可惜这些内容的出处都不太确定，因为这些是我为了加强印象所记录下来的，例如以下这段：

因此，能够很幸运地生于一般的良善之家，在相爱的双亲身边成长，这种人非常清楚谁是可以给予自己支持、安慰与保护的人，也知道在哪里发现这样的人……这样的经验让他确信，当自己陷入困境时，无论何时何地都会有一双值得信任的手援助自己，这种深信几乎接近潜意识。

顺带一提，据说《圣经》里最常出现的金句就是：“不要恐惧。”

无法信赖自己，并轻视自身的苦楚

恐惧是一大心理课题，世上有些人能够解决这道难题，也有人终其一生仍无法摆脱。能够无所畏惧地表现自己的人，便能体会到活着的快乐；与人面对面也敢呈现自我的人，心底会涌出一股强而有力的力量。

相对地，一个害怕遭人忽视者无法打心底信赖自己，因此会不知不觉地绷紧全身肌肉。

我会在后面文章提到，**父母流露出不悦的态度，对孩子来说就是一种“拒绝”和“忽视”的信号**。心怀畏怯，也等于无法信任对方。**一个无法相信他人者，其实也无法信任自己。**

“信任自己”与“信任对方”是同时发生的。当一个人不相信对方的好意，就算对方是信任自己的，但他心中仍时时担忧对方会变心。

无法信任对方，也表示内心充满自卑，仿佛在对自己说：像我这样的人根本不值得被信赖。然而，一个能信任自己的人，从内心就能感受到力量，也能自信地与他人互动，不会感到畏惧。

在恐惧的笼罩下，人的心智会被削弱，遇到拒绝便会受伤，而为了逃避伤害，他的心灵采取被动的姿态。这样的人同时也会丧失驱动对方的能力。

其实，迎合、怀柔、阿谀谄媚等并不是驱动对方的行为，而是为了保护自己。

这本书主要讨论原生家庭的问题，同时希望通过这些讨论与大家一起思考，如何实现自己的潜力。**如果忽视自己幼年时期留下的心灵创伤，一定会觉得生命空虚且没有意义，被自卑感纠缠不清，就会被心灵创伤支配一辈子。**

我也曾为此忧烦不已。有些人小时候深信当个“乖孩子”是幸福的条件，所以不断违背本性。为了这样的人们，我将在本书跟大家一起思考：对人而言，什么才是最佳的生活方式？

第1章

/

为什么“乖孩子”是问题

某个“乖孩子”的悲剧
“做好事、得褒奖”的陷阱
“我都做到这种地步了……”
隐藏的神经质爱情索求
开朗又温顺的乖孩子是精神上的自杀者
不安罩顶而无法自拔，所以扮演“乖孩子”
企图把孩子当精神奴隶的父母
持续背叛自己会对生命绝望
乖孩子核心里的“厌恶”情感
由于“应该表现出的自己”而失去自我
放弃自我渴求，实现父母愿望

某个“乖孩子”的悲剧

纽约的精神分析医师温伯格[1]（George Weinberg）在其著作中提到一位名叫伊蕾娜的女性的故事。

伊蕾娜是家中的第一个孩子，尤其受到父亲宠爱。

在她 5 岁的那年，弟弟出生了。突然间，大家不再像以前那样凡事以她为主，年幼的伊蕾娜眼睁睁看着父母的关注都转移到弟弟身上，让她惊愕不已。虽然伊蕾娜感觉很受伤，但仍百般尝试，想挽回父亲的爱与注意。

首先，她用发脾气来吸引注意力，但父亲对伊蕾娜的无

① 美国知名心理学家。对心理学有重大贡献，创立了“同性恋恐惧症”（homophobia）一说。

理取闹，态度还是相当严厉。接下来，她摆出一副病恹恹、虚弱无力的娇态，不过这一招也没有奏效。

于是，她改变作战方针，化身为一个热心帮忙的乖孩子。结果如何呢？这次父亲终于对她展露出微笑。

这就是伊蕾娜开始扮演“乖孩子”的过程。

每个人在成长过程中都会历经各种尝试，找出一套方法能让自己得到想要的事物。人类行为的动机由两个要素所构成：“目的”与“信念”。以伊蕾娜的状况来说，她的目的是“获得父亲的认同”，信念则是“自己能够帮上忙”。

一开始她用恶作剧来凸显自己存在，或者大声哭闹，跟弟弟争风吃醋。然而，伊蕾娜采取的这些手段都以失败告终。最后，她终于发现一个能够接近父亲的方法：变成一个对父亲有帮助的“乖孩子”。

对人类来说，从孩提时代养成的形态是很容易维持下去的。因此，幼年时期一旦选定了某种行为模式，即使成人后也不会改变。以伊蕾娜的例子来看，她就成了一个替男性当牛做马的女子。

20 岁时，伊蕾娜与一名男性陷入爱河，但她却满怀恐惧，害怕失去男友。因为，她打心底认为，自己是个毫无价值的人，所以丝毫不敢跟男友唱反调，也不敢有任何抱怨，甚至对男友要求些什么都做不到。但她每天晚上都勤奋地为深爱的男友洗手做羹汤，或者帮男友将稿子输入计算机。

她与男友的互动，套用了幼年时期自己跟父亲的相处模式。伊蕾娜若不做些有益于恋人的事，便会觉得自己可能会被抛弃。于是，她便往自己身上添加了负担。

伊蕾娜对男友掏心掏肺、鞠躬尽瘁，但两人不久后还是步上分手一途。在那之后过了几年，某一天她梦见了前男友，她对着他大声怒骂，还气到转醒。她最震惊的发现是，原来过去她从不容许自己对前男友发火，即使那个人对待自己的态度很草率，她也不敢大发雷霆。

后来，她有了新男友，而这次她发誓，一定要尽己所能地满足男友需求。就这样，伊蕾娜被男人轻视、沦为钓饵，当作俎上肉来消费。

这个案例出自温伯格《如何改造自己》（*Self Creation*），日文版为加藤谛三翻译。

“做好事、得褒奖”的陷阱

请试着回想自己小的时候，大家应该都曾帮忙做家务，受到大人夸赞，或者帮爸妈照顾弟妹而得到称许，以及打扫庭院获得褒奖等经历。

满足父母虚荣心时，孩子也能得到父母的好脸色。同样的道理，孩子只要学习成绩好，父母就会开心；在运动会上拿到冠军，就能取悦父母。只要孩子能让父母自傲，就会得到疼爱。

不过，这种模式却暗藏危机。由于孩子只有在帮助父母时、满足父母虚荣心时才会得到赞美，孩子便会认为，要是自己不做这些，就会失去存在的意义。孩子们也会误解成，如果自己一无是处，无法为父母带来骄傲，就不会被父母所爱。因此，孩子会不断努力使出取悦父母的花招，想获取认同与疼爱。

这种倾向会随着孩子年龄增长越来越严重。为了得到他人的爱，这样的人被迫去满足对方的虚荣心，而且还先入为主地误认自己必须有助于对方。他完全无法理解，**其实只要彼此能够在一起就是有意义的**。他随时都觉得内心无法平静且满怀歉意。这种人面临的罩门就是：深信只要自己能够建功立业，就可以俘获对方欢心。

孩子若年纪尚小，问题还不大。麻烦的是，当他长大成人，周边的人事环境都改变了之后，故步自封，以为要得到他人喜欢，只要自己帮上忙就万无一失，结果便一头热地为对方奉献牺牲。

然而，话说回来，对方可不一定都希望你为他当牛做马。

“我都做到这种地步了……”

举例来说，有些人因为小时候经常帮助做家务而得到大人赞美。当他们有了家庭，仍然先入为主地认为：只要我把一切家务都料理好，就能够使配偶感到欢欣。

可是，现实却有落差，配偶毫不重视这些。另一方是希望夫妻俩能一起行遍天下，或者希望配偶拥有成熟的情绪，期待对方具备享乐的能力。像是夫妻一同出去听听音乐会、喝点小酒，享受人生乐趣。

不过配偶的这些期望，对他而言却是难以理解的。因为，在他脑海里早已有了预设条件：我“只要”做好家务就能取悦配偶。结果，配偶并未因此感到开心。如果能及时发觉事情不太对劲，那么一切还有救。问题是，大多数的人反而更加徒劳地努力，拼命展现自己的功劳来讨对方喜欢。

为得到对方喜爱而燃烧自己、照亮别人，当得到的效果并不如预期时，便会为此生气：

“老娘（老子）都这样当牛做马了，还想怎么样！”

“我牺牲奉献全是为了这个家，你却丝毫不懂感谢！”

到这种地步，这些人依旧无法理解，为什么自己的努力换来一场空，想获得欢心却得不到称赞。于是，他们开始感到不满，对对方抱有负面情感。

要建立顺遂的人际关系，不光是给对方带来好处就能通行无阻，还需要个人的心理成长。**不要期待自己的优点能让对方多看自己一眼，而必须单纯地为自己的贡献感到喜悦。**这样，不但对方对自己有好感，有时候还会得到感谢，人际关系自然而然也就顺利无碍。

不过，一个心理不成熟的人建功立业的动机却不单纯，他们的目的是要得到喜爱、好评。动不动就摆出一副自己是在施舍的模样，只会惹得对方不快。问题就出在，这个人凡事刻意彰显自己的丰功伟业。

隐藏的神经质爱情索求

有种人会一头热地贡献自己，他们认为这是让对方喜欢的撒手锏，相信自己的鞠躬尽瘁，是赢取对方称许、俘获好感的终极手段。

对于在以自我为中心的父母身边长大的人来说，的确是事实。因为凡事以自我为中心的父母，唯有当孩子对自己有益处，或是孩子的表现值得骄傲时，他们才会感到开心。

这些孩子因此走火入魔，逼着自己必须做出某些贡献，否则罪恶感就会涌上心头。他们一旦没办法对他人有帮助，便会被罪恶感深深地折磨；与人相处时也丝毫无法放松。因为对他们来说，放松让他们感到罪恶。

不幸的是，当这些人做这些会让自己有罪恶感的事时，人们反倒对他们有好感。周遭的人也期望他能够做自己真正喜欢的事。

如同我多次强调的，他们努力取悦他人就为了获得对方喜欢，从这个层面来说，其实这只是表面的。隐藏在底层的，是有精神官能症倾向的爱情渴求。由于内心对爱的渴求，使得他们为了得到喜爱而拼命地建功立业。

但当付出努力不一定就会有回报时，这样更把他们逼上绝路，人际关系也出现裂痕。

开朗又温顺的“乖孩子”是精神上的自杀者

对于人类的自我实现，美国心理学家马斯洛①（Abraham Harold Maslow）曾经有过深入的研究，他在著作里提到以下内容：

如果要孩子在“让自己开心”以及“得到他人认可”中二择一，通常孩子会选择“得到他人认可”。所以，他们扼杀了自身的喜悦情感，或者移开视线，逃离这些情感。对于幼小的孩子而言，世上最可怕的莫过于失去

① 马斯洛以需求层次理论最为著名，为一种心理健康的理论，认为首先要满足人类天生的需求，最终达成自我实现。

周遭人们的心。这些孩子在他人没察觉之下，开始怀着精神性死亡，迈向人生道路。

换言之，所谓“开朗又温顺的乖孩子”，其实带着精神性死亡展开了人生。无法信任自己内心的孩子，试图通过取悦父母来获得认同。他们学会一个道理：“只要能让父母开心，就可以获得赞赏”，而这样的态度也一直延续到他们长大成人。

取悦他人的确并非坏事，但如果动机是为了得到对方的认可，企图得到赞美，问题就会浮现。

套用马斯洛的说法，假使起因为“成长动机”，取悦他人便是一件好事；而出发点若是“匮乏动机”就不太妙了。这即为两者的差别。

这里提到的**“成长动机”，是为了满足基本欲求、实现自我的欲望而驱动**。相反地，**“匮乏动机”则是因为缺乏安全感、归属感或亲密关系等基本欲求时，为了填补不足而起的动机**。按照这个说法，害怕失去人心而违背自身本性的行动，就是源于“匮乏动机”。

马斯洛也说，以这些孩子的状况来看，“获得他人赞美”跟“信任自己”是彼此对立的。他们越是努力想得到他人赞赏，就越无法信赖自己。

美国心理学家卡伦·霍妮[①]（Karen Horney）也说过同样的意见：“迎合他人的结果，就会感觉无法依赖自己。”美国心理学家罗洛·梅[②]（Rollo May）也说了以下这段话：

> 当我们为了得到他人赞赏而采取行动，这时行动本身会让人赤裸裸地回想起自己的懦弱，以及自己缺乏价值的不堪。（小野泰博译自《重整消逝的自我》）[③]

罗洛·梅甚至毫不留情地批判，认为对人类来说，这种

① 新弗洛伊德学派研究者。对基本焦虑研究贡献良多，并提出理想化自我的心理学概念。

② 美国存在主义心理学家。他在1969年撰写了具有影响力的书《爱与意志》。人们经常把他和人本主义心理学与存在主义哲学联系在一起。

③ 出自 *Man's Search for Himself* 一书，日文版书名《重整消逝的自我》，台湾版书名《爱的序言》。

态度是最残酷的屈辱，会导致一个人胆小怕事。

然而，人们如果在情绪不成熟的父母身边成长，便会误信要得到他人喜爱，就要想尽办法得到认可。这种人固执地认为，**毫无伪饰、真实的自己无法得到任何人喜爱，因此他们开始伪装自己，最终完全忘记自己的真实模样。**

心理疗法中的一套技法是，“Don’t be you”（不要做你自己）这句话是“父母摧毁孩子心灵的信息”。“不要做你自己”是一句很惊人的话，转过来思考，马斯洛或许说的也是同一件事吧！

孩子甚至会为了得到父母喜爱，而否定自己感到欢愉的体验。他们嘴里说出的每一句话都是父母爱听的，举止态度都是父母所中意的。因为，倘若他们不这样做，父母就会面露不悦，这正是“不要做你自己”的信息。当孩子开始放弃自己的感受方式，断了自己心中的念头，便会丧失自我。

幼年时期的我就曾经历过这样的过程。我总是采取父亲喜欢的行动，而最具体的做法，就是贬低社会观点中的伟大人物。如果我不这么做，父亲就会极度不悦，说出“你怎么变成这样无趣又没用的人啦”之类的话，然后对我深深叹气，表示他的失望。

很明显，这就是对我强迫施予了“不要做你自己”的信息。这种孩子将会使出任何手段，逼自己得到让父母喜爱的特质。唯有得到这样的特质，他们才能换取父母的爱。而这样的爱，必须通过父母自我陶醉才能入手。

经历过这些成长过程者，心理状态总是动荡不定。他们认为，只有自己成功时，才能得到对方的爱；唯有自己说出对方喜欢的话语，才能得到对方的青睐。但如果没有继续这样的行为，说不定在某一天就会被对方抛弃。而这样得到的结果是，他们对于周遭的期待会过分敏感，并压抑自身的意愿。

于是，他们越不懈努力，渴望成为对方所中意的角色，就越对自己丧失信任感。

不安罩顶而无法自拔，所以扮演“乖孩子”

马斯洛曾说：“人一旦犯下‘违逆本性’的罪，几乎无一例外会记忆在潜意识中，涌出一个蔑视自己的念头。”违反自己原有的性格，努力俘获他人欢心，这种状况下，人总是会轻视自己。因此，人的心灵会变得容易受伤，并出现各种病态心理的倾向。

一个扮演着“乖孩子”的小孩，总是怀有不安，担忧自己会失去父母的爱。而为了避免失去双亲的爱，他们会刻意当个乖孩子。由于害怕被抛弃，他们变得比谁的能力都强、更加优秀。

不过，对他们而言，当个“乖孩子”只不过是获得父母赞美的手段。他们认为，真正的自己无法获得父母的赞赏。扮演“乖孩子”的同时，也导致了他们轻视真实的自己，甚至对于真实的自己带有罪恶感。

这些“乖孩子”必须随时随地得到赞美，否则他们就会感到焦躁。因为他们越是看扁实际的自己，越需要别人的赞赏，也变本加厉地察言观色，看着父母的脸色行事，在心理上寻求认同。

罗洛·梅表示，这些满怀虚荣心或是带有自恋倾向的孩子，若无法时常得到父母赞美，就会认为自己一文不值。但这种状况并非局限于特别的孩子身上，一般来说，“乖孩子”都有这样的通病——他们只要没受到称赞，就会失去自信。

企图把孩子当“精神奴隶”的父母

只有“具备对方期待的特质”才得到爱，这般扭曲的状况所引发的悲剧还不仅如此，背后也意味着，这些孩子随时都有可能遭到遗弃。但面对那些心理没有成长的父母、情绪不成熟的父母、“匮乏动机”所驱动的父母，无论对孩子如何尽心侍奉，只要孩子对自己没有益处，他们就会立刻抛弃孩子。当孩子无法符合父母的期待，那么随时都会被父母弃之不顾。

一旦父母身边出现能够满足自己欲望的人，那么这个孩子就可能会被取代。对当事人来说，这可是天大的悲剧，而无辜的当事人正是处处都要仰赖父母的小孩子。

如前所述，不管孩子怎样自我牺牲以得到父母的宠爱，若丧失了父母所期望的特质，孩子便会遭到无情的抛弃，由另一个孩子取代，并夺走了“爱”。为了避免陷入这样的绝境，这个小孩会开始扮演起父母喜欢的角色。

铆足全力迎合父母的孩子，当他们化身成“父母会爱的孩子”时，会有种错觉：以为“自己”被父母所爱，却丝毫没发觉，自己只不过是个随时会被其他孩子取代的存在。

那些因“匮乏动机”而行动的父母，他们需要的是“精神奴隶”，而非孩子本身。只不过，孩子无法理解。对他们而言，即使没了这个孩子，只要另外有个孩子称赞自己，那么，原先的孩子就会被他们所遗忘。父母寻求的，只是一个会“尊重自己”“满足自己欲望”的对象罢了。

这种事事配合父母要求的孩子，其存在如同奴隶一般。他们唯一的任务，就是满足父母的欲望。而且，这些孩子绝对不能口出怨言。因为，只要他们不愿配合父母，就随时可能遭到抛弃。

所谓“精神奴隶”，不只是凡事拍父母马屁就万无一失。简言之，孩子必须是个对父母来说处处方便的存在。打个比方，假如父亲在外头有了第三者，就会期待孩子不要向母亲揭穿这个秘密。

在亲子关系里，最为紧密的莫过于共生关系，这是彼此牺牲自律性而建立的。其中**有不少孩子忠实遵守着父母强制灌输的想法与情感，彼此活在封闭的世界**。处于这种关系里的孩子，大概从未想过自己其实只是随手可弃、取代性高的存在吧。

但是，共生关系并不能称为真正触及内心的关系。彼此都放弃身为一个人，就算表面上看来是多么紧密，在心灵方面其实缺乏互动。

身处共生关系中的人们也会因为某些事情发生而分离。像是，亲子之间处在共生关系中，随着孩子的心理成长，便会告别父母而独立。而他们对父母的敌意原本压抑在潜意识，于此开始浮现于显意识里。

这样一来，后果就是：孩子离开父母独自居住时，他们这样的行为，会对父母造成心理上的打击。因为，在共生关系里，他们会有“对方相当爱自己”这样的错觉。假使某一方离开，肯定会对另一方造成严重冲击。不过，这一切全是自恋使然。

深陷共生关系的人，立刻就能发现另一个新对象。换句话说，共生关系并非成立于“爱对方”，所以只要有某个对象让自己心理能有所依赖，他们就会迅即忘掉前面的人，转头去找新对象。

当人的心理一成长，就能够明白，自己在对方心中具有何种存在意义。从这个层面来说，处于共生关系者等于丝毫没有进展。因为，他们无法理解自己在对方心中的价值。而对于对方来说，他们也好比是个随时都能更换的商品。

持续背叛自己会对生命绝望

当人们发现，自己不去谄媚，无须满足对方的自尊心，也能获得对方的认同时，心里就会感到安适。成长过程如此顺遂的人是相当幸福的，这些有福气的人不用违背真实的自己，也不必摆出姿态，汲汲营营地要得到对方认可。因为，对他们来说，别人的认同并不是那么重要。

这样的人当然不会碰到陷入患精神官能症之类的窘境，整个人活得神清气爽。相反地，心理成长不够完整者若要以真实的面貌与他人正面接触，便会感到莫大的压力。

他们无法忍受如此之大的压力，所以努力扮演着一个虚假的自己，想尽办法获得对方喜爱。但付出的代价，却远远超乎想象。

他们否定真实的自己，因此便开始烦恼：活下去毫无意义、全身无力，对生命感到绝望。他丧失了气力，即便生活顺遂，没碰到什么麻烦也依旧觉得活着充满痛苦，“活下来”竟然成了一件难以忍受的苦差事。

重点是，那些有福的人无法主动跟相处时感到压力的人来往，他们选择交往的对象，是愿意接受自己的赤裸真实的人。因此，在他们成长的过程里，没有任何刻意与勉强，最后长成一个具有抗压性的人。

对人们来说，应该来往的对象会是：待在一起时，自己无须观察他渴求些什么，也不必遵循他的想法，更不用修正自己来配合他的价值观。

不过，具有精神官能症倾向者不知为何却不会选择这样的对象，他们找的反而是偏向无法展现真实自我、在他们面前必须处处伪装的对象。原因就出在，他们对这类对象怀有心理相关性。他们通过伪装自己，从心理层面与对方同化，借此逃避自己内心的无力感。

但这样一来却陷入恶性循环。当下他可能会松了一口气，暂时从折磨自己的无力感转移焦点。结果，无力感的后坐力更加严重，状况也更难以收拾。

把自己跟某个人同化，心理上寄托在这个人的荣光，即为一种精神麻药。虽然这是最简易且快速的逃避方式，却只会使事态变得更为严重，并且无法解决任何问题。

著有《先知》（*The Prophet*）一书的纪伯伦（Khalil Gibran）在写给恋人玛丽·哈斯凯尔的书简里，有以下这样的字句：“无论你变成什么模样，我都不会对你感到失望。”

一个人如果能在纪伯伦这样的父母身边长大，那他相当幸运。我相信，这个孩子应该不需要伪装自己来获得认同。

如果父母不是这样的人，那么孩子就必须为了取悦父母而牺牲自己的情感。无论是玩沙、跑步或折纸，这一切都不是孩子自己想玩，他们内心首先考虑的是——我应该做些什么才会让父母高兴？

父母是否会接受真实的自己，有没有这样基本的安全感将影响并支配这个人的一生。具备基本安全感的人能够敞开胸怀做自己，而缺乏这种安全感者则会处处看人脸色，把他人的价值观看得比自己还重要许多。

乖孩子核心里的“厌恶”情感

有些人因为过度一本正经而引发问题，或许他们就是长年以来未曾尝过“认同自己”的喜悦滋味吧！这种人丧失了一种肯定“原本自我”的情感。对他们而言，活着的目的是扮演“让他人接纳的自己”，而不是“做真正的自己”。

马斯洛表示，一个人若不重视自我喜悦的体验，而总是选择“得到他人认可选项”，最终将无法体会何谓喜悦。

罗洛·梅也曾有过类似说法。也就是说，一个人倘若一味遵从表面的要求，恐怕连获得幸福的力量也都抛掉了。所以，他们把顺从他人、学会“当乖孩子”当作获得幸福与成功的条件，可这么做是相当危险的。

因顺从而当个“乖孩子”，便是扼杀自己。

在孩童时期，人们会把许多家庭里所不允许的情感、想法压抑在心底。在成长过程中，或许都“装出”自己拥有被大家所认同的情感，并以此来判断是非对错。

像我本身，只要一跟兄弟吵架，就会遭到父亲责骂。他会长叹一口气，吐出一句：“烦死了！”面有愠色地瞪着我。因此，在我的成长过程中，我压抑住全部攻击性的情感，最终罹患了精神官能症。

另外，当我稍微对别人赞美，我的父亲就会露出厌恶的表情，所以我必须监控着自己的情感，不断催眠自己：“世上最好的地方就是我家，而我父亲是世上最了不起的人。”

所以，我总是得问自己：现在我“应该”如何去感受？久而久之，我也弄不清楚，自己当下拥有什么样的感觉，变得不知道自己真实的情绪为何了。

我怀着“允许拥有的感情”“应该怀抱的情感”，胸中揣着这些刻意做出来的情感活着，终究完全失去活着的真实感受。有一种人看似地位体面，却没什么存在感。这种人就是过着处处受限的日子吧！

从小，我绝对不敢说出“我不要、我讨厌”这样的话，因为这是不被允许的用语。然而，实际上，我的内心却是对一切事物都是怀着“厌恶”。我被迫活得不像自己，对不开心的事情也要装出欢天喜地的模样。即使不伤心，也要流露出悲痛欲绝的表情；明明就丝毫不尊敬，也得摆出恭敬崇拜的伪装。因为我除了装模作样，别无其他的生存之道。

我打心底厌恶一切，却压抑着厌恶的情感活了过来。直到某一天的某一刻，我才猛然发觉：“原来自己厌恶这一切。”在那一瞬间，我仿佛感觉到肩头的重担卸了下来，轻松了不少。当然也感到惊讶，有种得救的感觉。因为，我发觉自己的“自我基础”似乎稍微强化了些。

于是，我有段日子满口不断吐出的词就是“讨厌、讨厌、讨厌、讨厌、讨厌、讨厌”。

在那之前的我，走路、跑步、坐着、说话、静默、读书、玩乐、工作、唱歌，无论做什么事情都感到厌恶至极，也就是对“活着”这件事，深恶痛绝。

我明明不想玩乐，却为了取悦大人装出一副玩得开心的模样；明明不想做家务，却要装作自己心甘情愿帮忙的假态；明明不想念书，却为了要得到大人称赞而勤奋念书。不管大人做出怎么样的要求，我都不曾流露出厌烦的表情。

扮演着“凡事听话、百依百顺的乖孩子”的我，核心情感中有着“讨厌”这种情感。而当我发觉到内心这种“厌恶”时，似乎也触及了自我存在的核心。

由于“应该表现出的自己”而失去自我

“不准感受你自己的感受！只允许感觉我的感受！”

这个句子出自葛丁[①]（Goulding）所写的关于沟通分析的书。看来似乎有不少父母在无意识中，都会逼迫小孩。

状况更严重的父母甚至会要求孩子：“去感受我的渴求！”所谓“听话的乖孩子”会对这样的父母宣誓自己的忠诚与顺从。

乖巧的孩子在所处的世界里，处处都感受到威胁，好比有一群未知的恐怖动物围绕在身边。这些孩子为了保护

① 罗伯·葛丁（Robert L. Goulding）和梅瑞·葛丁（Mary McClure Goulding）是一对夫妇，前者为精神科医师，后者则是社工。

自己，对他人的欲望感受会变得敏感，同时还会试着响应对方的期望。他们想通过这样的方式，在这个危险世界中保护自己。

罗洛·梅说过：“依循着父母期望过活，是获得父母赞赏与赞美的方法，也是一种让自己保持在‘父母亲掌上明珠’（apple of the parental eye）这样地位的方式。”（出自《重整消逝的自我》）

这样的孩子从未出过任何问题，循规蹈矩到不可思议的程度，无懈可击得令人吃惊。他们害怕被人视为自私自利的孩子，也担忧被当成坏孩子，所以总是努力压抑住内心的愤怒，根本无法明确地表现自我的主张。从这个层面来说，百依百顺的乖孩子，其实具有精神官能症的倾向。

他们的心里“应该表现出的自己”就会领先“真实的自己”。于是，他们原本用来实现自我的机会，便沦为扮演着“应该表现出的自己”，结果白白牺牲掉展现真实自我的人生。

孩子因此没了“活着的喜悦”，陷入丧失自我的窘境。一个人失去自己的生活、自己的人生，就是“没了自我的人”。

一味遵循父母的期待，活到后来这个人都搞不清楚自己的人生该为什么而活，甚至无法体会到内心所涌出的感受。这种模式跟前述的“不要做自己”属于同样的信号，在现实生活中经常出现。

罗洛·梅在前述的著作中，介绍过有关同性恋的临床案例。主角是六个兄弟姊妹里的幺儿，前面有四个哥哥，还曾经有过姐姐。然而，这个姐姐早夭，于是他的母亲把这个小儿子当成女儿般来疼爱，给他穿上女孩子的衣服，而他后来也自行发展出女性化倾向的兴趣。

男子在母亲的期待下扮演起女孩的角色，通过扮演少女来获得母亲的宠爱。倘若他表现出类似男孩的举止，母亲就会想起失去女儿的悲痛，如此一来他等于违背了母亲的期待。男子所做的一切，可说是为了实现母亲期待，违背了真实的自己。

父母眼中的“自我任务”，也就是他必须遵从这个灌输在体内、持续存在的印象过日子。否则，这个人将

> 完全失去头绪：不明白自己支持的是什么，搞不清楚自己该相信什么，并且也无法明白，自己本身的力量究竟是什么。（出自《重整消逝的自我》）

简言之，如果一个孩子扮演起父母所期待的角色，将会丧失自我。当扮演父母所期待的角色背叛了真实自我，便会如此。

在这种状况下，很容易把信息解读成“你不准做自己”，而情绪不够成熟的父母经常会传递出这样的信息。

举例来说，当孩子成长到相当的年龄，心理不安的父母会不希望孩子在心理上“断奶”独立。孩子就只得违背想自立的意愿，永远当母亲的“宝贝”。而原因就是，当他接受扮演无法自立的懦弱孩子，就可以讨父母欢心。把父母的喜爱或称赞看得比什么都还令他开心的孩子，将永远只能扮演父母所期待的角色。

放弃自我渴求，实现父母愿望

“你不准做自己”的信息中，还包含着另一种元素，即“你不准察觉真实自我”的禁令。

就拿我在幼年时期跟家人去旅行的例子来说，小时候的我很讨厌跟爸爸去海边，但我父亲却期待我会跟他去。事实上，我并不想跟他去海边玩，可是仍被爸爸这样制约了。因为，我从父亲那边接收到“你不准做自己”的信息。

同时，我也收到一项禁令：“不准察觉自己的真实情绪，不能发觉自己不想跟父亲去海边的情绪。”由于父亲的举动等于不准我去察觉真实的自己，因此当我长大成人，与他人交流时，便出现了严重障碍，正因为我没有办法跟他人交心。

另外，我还被迫解读成：“爸爸根本不想去海边，是因为我想去，他勉为其难才带我去。”只要我这样解释，就能让父亲感到满足，让他心中那种想对人施恩、大发慈悲的意图得到满足。

也就是说，我甚至发觉对方真正的面貌：我父亲是个整天与孩子黏在一起，只能依赖家人，哪儿也没的去的无趣之人，而且还无法独处。

总之，我既不能察觉自己的真实情绪，还不允许发现对方的真实想法。在这种经历下成长的人，根本无法成为能够与人交心的大人。

这等于是一名无法跟他人沟通的分裂症病患，处在“缺乏他人存在”的自我封闭状态中。我年轻时，就曾因为分裂症倾向而痛苦不堪。引发困扰的缘由有好几项，其中一个毫无疑问便是来自我父亲的强制性信息。

一个“缺乏自我”的人，特征就是心灵由他人支配，对他人的大事小事都在意得不得了，心灵因此总是无法安定下来，如一片被搅动的潭水，波纹不断。一个缺乏自我的人，其心灵不懂得何谓休息。

“缺乏自我”的人只能通过与他人比较，借此掌握、摸索自己，也就是这样，他们老是留意别人的一举一动。例如“他居然如此评断我这个人，真不甘心”“我绝不允许他过好上日子”“看那家伙吃香喝辣的，我就不爽”“如果让他赚到，我就没劲了”。诸如此类，因为与别人的关系而不断拨乱自己的心弦。

换句话说，他们根本没有自己的生活。即便他们拥有多么了不起的社会地位，这一辈子也不过只是一场空罢了。这种人总是激励自己要铆足全力，绷紧神经，害怕被人瞧不起。相对地，他的内心有个角落满是枯燥无聊。试想，就算拼了老命往前冲，人生得到的却只有空虚，岂不是一出悲剧吗？

瑞士哲学家希尔逖（Carl Hilty）曾说：“如果肩头背负着超过自己能够负荷的职责，结果不只会招来失去名誉的下场，甚至连原本办得到的事也随之落空。”一个“缺乏自我”的人，等于扛上超过负荷的任务，这事实令人玩味。

他们总以“应该扮演的自己”为先，一不小心就被迫担下了真实的自己所能负荷的任务，想当然会遭到挫折，最终下场就是忧郁症缠身。事实证明，在许多忧郁症病例中，不少病患小时候都是百依百顺的“乖孩子”。

前文提过的精神分析医师温伯格曾说：每个人在幼年时期都希望获得周遭人们的好感，那么要如何才能取得他人的好感呢？孩子会想办法摸索、学习。而个性顺从的孩子所学到的“取得爱的方法”，就是礼仪得当，不惹麻烦，不主张自我，安静不吵闹。

孩子认为，如果得不到爱，自己的存在将会丝毫没有意义。所以，为了得到爱，他们选择了百依百顺这条路。顺从乖巧的孩子最害怕的，就是遭到无视与否定。

心灵生病的人，有不少人在孩提时都是所谓的“乖孩子”。在后面的文章中，我们将讨论的精神分裂症患者，其中有很多也曾是“乖孩子”。

在心智不成熟的父母以及支配欲强烈的父母眼中，无须耗费功夫照顾毫不反抗长辈的孩子，就是听话的乖小孩。而这类父母的心灵完全被自己内面的纠葛捆绑，没有余力去理解孩子的心。因此，他们丝毫无法察觉孩子并不是不用花心思去照顾，而是他们不想让自己替孩子担忧。

从孩子的角度来说，自己的存在仅仅是为了单方面达成父母的要求，而他们则已经放弃所有对父母的渴求了。一个孩子原本应该会对父母有各种索求，像是希望爸妈看看自己的脸，听听自己说话，称赞自己可爱，或者对自己说“和你一起玩耍最开心了”，希望得到父母的拥抱，以及可以更能追求自我。

然而，孩子却放弃了这一切，还把气力花在实现父母单方面的要求上。他们放弃身为一个人的迫切渴求“确认自我存在”，转而把能量耗在达成父母的要求上。

这些孩子的索求其实是人类最本质的需要，因此不会因为在某个时期未得以实现就消失。这个未能实现的索求，终其一生会在潜意识中持续支配着孩子。

即使结了婚，他们内心仍渴求着达成愿望，便以相当扭曲的方式向配偶强行索要。譬如，因心情不好就缠着配偶，束缚着对方或老是打翻醋坛子，等等。这是由于他们想完成幼时未能实现的渴求，而试图通过各种形式在婚姻里达成目的。

第 2 章

/

过剩的爱与支配欲

孩子沦为父母精神纠葛的牺牲品

人心中一旦有烦恼，就没有余力去管其他事，纠结的情绪已经占据了整个心灵。为人父母者若被自己内心的纠葛分散了注意力，就无法顾及孩子的心绪，这种状况可说是屡见不鲜。

陷入忧烦的人没闲工夫听别人说话，或许耳朵在听，但注意力却没在那上头。烦心的人经常陷入自我世界，纵使眼前有绝妙美景也视而不见；即使吃着山珍海味却如同嚼蜡，老是挂意着别的事情。

换句话说，烦恼的人无法关心外在世界，情绪总是高涨且紧绷，也无法与他人接触交流，毕竟光是消化处理自己的事，就足以令他精疲力竭了。

跟这种满是忧惧的人来往，即使是成人也会觉得相当费力。这样想来，若孩子在苦于内心纠结的父母膝下长大，他们会有多么为难，就不难想象了吧？

举个例子，某个在社会上遭遇挫折的父母，由于无法接受自身的失败，所以只好虚张声势地大放厥词："什么功成名就、平步青云，都是屁！"这种夜以继日跟自己内心的纠葛战斗的父母，对他们来说，最要紧的是处理自己的自卑感，而非孩子的心情。

他们一点儿都不关心孩子目前有什么要求，满脑子只有"我可是很厉害的呢！我可是重要人物哦！"这种想法。一味盘算着要他人称赞、表扬自己，而完全没有心力去留意孩子的心思。光是处理自卑感就耗尽心神，哪有时间关切孩子是否感到悲伤？

他们无法理解，为什么孩子想得到父母的注意。对这种父母来说，了解孩子的需求，远远都比不上"让孩子尊重自己"重要。

言归正传，我们再回来谈谈"心智不成熟的父母"以及顺从的“乖孩子”。

那些在社会上受到挫折的父母，在家庭中会要求另一半或孩子不断赞美、吹捧自己。我的父亲就是这种典型，所以我总是要绞尽脑汁来赞颂父亲。

我父亲试图通过家庭重塑其自尊，同前文所述，这种类型的父亲不但无视孩子的渴求，甚至还强迫孩子完成他们所有的要求。实在没有比当他的孩子更可怜的事了。

“在家一条龙，在外一条虫”的父亲并不少见，希尔逖就曾表示，这种类型的男人最让女性退避三舍。其实，在我看来，被这类一家之主折磨的，除了女主人之外，最痛苦的就是孩子了。而希尔逖则更加同情女性——

> 格调不凡的女性最悲惨的处境，莫过于因为选择失误或者家人的愚蠢指令，而嫁给一个性格软弱、畏畏缩缩的男子。这种男人无法在世间展现雄风，而为了弥补此缺憾，在家中就会展现出自卑的暴君面貌。[①]

---

① 出自 *Glück*，日文版书名《幸福论》第二集，由白水社出版。

这种父亲对社会感到愤愤不平，怀着不满，一旦家人敢说出任何肯定社会的发言，后果便不堪设想。

以我父亲的状况来说，家人必须对社会上的名声或权力，摆出不屑一顾的模样，否则就会触怒他，而且生气到深夜还不肯罢休。我父亲看似轻视社会上的名声，但其实最憧憬名誉的人就是他自己。若要取悦这样的父亲，我必须把自己伪装起来。久而久之，我逐渐开始厌恶自己，内心不安定的感觉也日渐加剧了。

年轻时，我曾患上精神官能症，回顾我少年时代遭遇到的处境，会有这样的结果也是不无道理的。

过剩的爱，是爱情饥渴的强迫行为

教育家亚历山大·尼尔（Alexander Sutherland Neill）曾说，**最糟糕的父亲总会要求孩子“感谢自己”，而最糟糕的母亲总是问孩子：“你爱我吗？”**换句话说，这种就是对感情需索无度的父母，他们对爱饥渴，但这跟担忧孩子、理解孩子却不相同。然而，为小孩的事而感到烦恼的父母之中，的确有不少人怀有强烈的爱情饥渴。

说得深入一点儿，那些看似在孩子身上用心、表面上深爱孩子的双亲，其实很有可能带有极端的支配欲。他们乍看似乎打心底爱着孩子，不过爱情的真实面貌却是源自支配欲。企图以“好父亲”或“好母亲”的刻板立场来支配小孩，通过这个过程来满足本身对爱的饥渴。

> 真正的爱，会通过间接的方式表达。直接又过度的爱的表现，大多时候都是错误的爱。（出自《让人起疑的母爱》①）

以一般的表现方式来说，就是弗洛伊德的说法："夸大的表现，正会凸显缺乏。"日常生活中的细微动作，自然流露出的才是真正的爱。

"比起过剩且虚妄的爱，虽然不充足但真实的爱，对孩子而言更加受用。"这是我从某本书上读到的，可惜手边没书，所以我无法确认字句是否分毫无差。不过就算修辞不够精准，都精辟地指出一个事实：当父母逃避面对自我心灵的问题，而把爱情饥渴施加在孩子身上时，会让孩子变得不对劲。

---

① 原文书名 *Dubieuze liefde in de omgang met het kind: over de late gevolgen van te veel of te weinig moederlijke toewijding tijdens de jeugd*，由扬·亨德里克·范登伯格扬·亨德里克·范登伯格（Jan Hendrik van den Berg）著，日文版为足立、田中一彦译，川岛书店出版。

亚历山大·尼尔认定，最糟糕的父亲也可以从“想扮演施恩善人”这个观点来分析解释。

前述提到，每次父亲想跟家人去海边玩时，绝对不会亲自开口说：“我想去。”反而是对我说：“既然你那么想去海边，那我可以带你去哦！”我父亲似乎有种刻板想法——如果自己开口：“大家一起去海边吧！”好像会显得他很懦弱似的。

所以，总是由我拜托父亲：“爸爸，带我去海边玩！”其实我一点儿也不想跟爸爸出游。然而，因为我父亲凡事都要摆出一副对孩子施恩的姿态，不然就会心情不悦，我只得被迫随之起舞。

显而易见，我父亲就是通过对孩子施恩、支配孩子，来消除自己内心的无力感。

父亲就算只是坐在椅子上，也要摆出一副肃穆的模样。他坐在那儿不是忙东忙西，而是在展现“忙碌父亲”的姿态，对孩子施压：“老子可都是为了你们才坐镇在此。”他对于“为人父亲”缺乏自信，却拒绝承认这个事实。造成的反作用力就是，他会不断强调自己身为父亲的个人价值。

要跟这样的父亲相处，我整个人几乎被压力消磨殆尽。面对这个其实很有空闲的父亲，我还必须装出谦卑的样子："在您这么忙碌的时候，还要麻烦您，真是十分抱歉。"

父母养育孩子，却是出于别的动机，那么孩子也会感受到一股无形的压力。当父母内心的不安、对爱饥渴、无力感、社会自卑等情绪经过伪装，戴上了名为"爱"的面具后，在孩子身上施压，将会塑造出所谓听话的"乖孩子"。

以"爱"之名义，行"精神杀人"之实，这种状况恐怕相当泛滥。

占有、支配才是爱?

打心底真心爱孩子的父母，即使孩子离开自己身边闯天下去了，也不会觉得受到严重打击。因为他们爱着孩子，即使无法“拥有”孩子，其心理状态依旧安定。他们能够为孩子的幸福感到开心，将孩子的幸福视为自己的幸福。

然而，占有欲强烈的父母、支配欲旺盛的父母以及自我陶醉型的父母，就非“拥有”孩子不可。一旦无法“支配”孩子，他们就会感到不幸，无法疼爱孩子。对这样的父母来说，“疼爱孩子”等同于“支配孩子”。他们若看到孩子在一个“与自己毫无瓜葛的世界”里享受幸福，便无法感到喜悦。

真心爱孩子的父母，看到孩子幸福的模样理应会感到高兴。然而，占有欲跟支配欲太过强烈的父母、怀有自恋倾向的父母，孩子必须在“与自己有关的世界”享受幸福，否则他们就会觉得索然无味。

所以，当他们看到孩子和朋友开心出游，那可不行。唯有跟自己一起去旅行，看到孩子开心玩乐的表情，他们才会感到幸福；唯有通过亲子关系让自己的支配欲与占有欲得到满足，才会疼爱孩子。

常言道，父母总是希望孩子能拓展并发挥自身潜能，但事实上并非如此。罗洛·梅指出，父母要儿女“实现自我”，说穿了，其实目的是要凸显出，要是没有他们撑腰，孩子哪能办得到！

简言之，父母一味在口头上宣扬“尊重孩子的自主性”“支持孩子自我实现”，但说到底根本是要孩子服从自己。

罗讷德·戴维·莱恩（Ronald David Laing）与亚伦·埃斯特森（Aaron Esterson）合著，由笠原嘉等人翻译的《疯狂与家庭》（*Sanity*，*Madness and the Family*）中，有一则关于父女之间的小故事——

女儿露西非常擅长拉大提琴，她的梦想是成为一名职业音乐家。而露西的父亲会拉小提琴，听到父女两人合奏演出，任谁都会觉得他们真是一对感情和睦的父女。但是，当露西后来察觉到父亲的企图时，便放弃了大提琴。原来，她的父亲并不希望女儿跟自己以外的人合奏。

从表面上来看，他们是理想的父女。然而，父亲对女儿的期许，与其说是理想，倒不如说是孩子心理成长的障碍。那些外表看似完美无缺的亲子关系，让人意外的是，其中不少父母把孩子当作维生的食物。好比这位父亲无法放手、无法忍受露西与自己以外的人们建立关系那样。

迁怒到孩子身上

问题父母的类型可说是五花八门，其中一类父母光有一身本事，却不把能力用在自我成长上，而把精力耗费在强迫孩子接受自己的价值观上。这种父母会因为孩子随意的话语、无心的动作而遍体鳞伤，勃然大怒。

弗洛伊德说过："所谓人类的成长，就是自我满足，就是面对他人对待自己的态度时，是否能心平气和。"这不仅是人类的成长，还可说是自我的确立。**当自我完整了，就不会因为他人的一举一动，动摇不安。**

关于这点，马斯洛也有过类似看法：当安全、归属、爱情、尊敬等渴求，只能从当事者以外的人身上获得时，那么这个人就只能依赖旁人。例如，向人撒娇的渴望等就能归于这部分吧。

因为孩子的言语或动作感到受伤、生气的父母，会要求孩子把保持他们的情绪当作孩子的责任，即为情感的责任转嫁。举例来说，我父亲总是因为我摆放报纸的方式不对而生气，责备我："都怪你报纸乱放，害我觉得很焦躁。"

只是放个报纸这样的小动作，我就必须表达出"我对爸爸所怀抱的尊敬如山高、如海深"，否则他便会相当不高兴，向我发怒："这什么态度，真让人讨厌！"而且没完没了地责骂，接着深深叹一口气，抛下一句："你什么时候开始变得这么差劲啊？"因此，我只能硬着头皮，忍受父亲夸大的失望。

我父亲之所以将失望表现得如此浮夸，就是为了加深我的罪恶感，让我为自己错误的摆放方式感到后悔莫及，为自己的态度感到罪恶。这就是沟通分析学中所说的"把过错都归咎到对方身上"，而不断遭到父母数落的孩子，会真的认为是自己的错，是自己破坏了父母之间的感情。

当一个人把他人的不愉快当作责任揽在自己身上时，在待人接物上便会失去自信。

沟通分析学里，把这种慢性定型化的不快情绪称为“扭曲”（racket）。这种不快的情绪会驱使人们改变他人。说得更深入一点儿，以“扭曲”来改变他人行动为目的之行为就称为“强迫”。

我在一个情绪不成熟的父亲身边长大，年轻时经常因为感到内疚而全身发抖，做任何事情都缺乏自信。与人交流时，担忧自己不知何时会破坏对方的心情，为此一直感到惶恐。

在这种状态下，我害怕到连自己的意见也不敢说出口，甚至无法说明自身的事，无法问对方问题，就怕让对方觉得不舒服。

一个对自我存在抱持着罪恶感的人，也对人生怀着恐惧。这种事对于心理健康的人来说，大概难以想象其中的辛酸。因为，这类人做任何事都心有愧疚，把事情的恶果归咎于自身。而明明没做错事，也仍内疚不已，陷入无止境的烦恼旋涡中。

为了逃避愧疚，于是忍不住找借口；为了不被责难，就拼命解释。如果不向对方证明自己是正确的，便无法放松。由于这种人每时每刻都对自己存疑，所以只能一天到晚证明自己没有做错。

忧郁症患者年幼时也是“乖孩子”

不少忧郁症患者在幼年时期都是“乖孩子”，他们似乎都是不违逆大人期待、做事细心、坚强又独立的小孩。对照土居健郎[①]先生的“依赖”理论来看，这些都属于“不懂依赖”的孩子。精神分裂症患者幼年时期不是“不懂依赖”，就是“害怕依赖”。相对地，忧郁症患者在幼年时期给人的印象是：他们认为，“依赖”本身就是坏事，于是对依赖他人这件事死了心。甚至，其中有不少孩子还会主动慰劳父母，让父母“依赖自己”。

① 日本的精神科医师、精神分析师，东京大学名誉教授。

> 如同众所周知的，日本的父母（中略）经常“依赖”着孩子。[1]

为什么这群孩子状况严重到罹患忧郁症，内心想依赖却无法依赖呢？如同引述提到的，他们从幼年起就把“依赖”当成坏事，或许早就放弃依赖他人了吧！不过，我个人认为还有另一个理由——虽然小孩想依赖，但内心深处却无法信任父母，或对父母抱有敌意。想跟对方撒娇、依赖对方，必须建立在信任对方的基础上，但所谓的“乖孩子”跟父母之间却缺乏这样的信任。

引述也提到，父母都爱依赖“乖孩子”。这种状况与其说涵盖了全部的父母，更精准来说，指的应该是那些“情绪不够成熟，对爱怀抱强烈渴望的父母”。每个孩子都希望让父母开心，结果反而变成孩子在照顾父母。由于小孩对父母充满不信任，使得他们对“依赖”父母这件事死心，只得撑着弱小的身躯，做出超乎自己年龄和本分该做的事。

---

① 中井久夫《作为重建的伦理之勤勉与工夫》，出自《躁郁症的精神病理》第四辑，弘文堂出版。

父母时不时会流露出“想牢牢抓住孩子不放”的欲望，而他们对自己无意识的欲望却丝毫不察。(出自《重整消逝的自我》)

过去，我曾经也是个“乖孩子”。以我个人经验来说，当个听话的“乖孩子”是很寂寞的，甚至连“感受寂寞”也都不被允许。于是，连我自己都觉得窝囊到不行，心里充斥着恐惧与不安。

而父母为了疗愈自己的孤独感，紧紧抓着内心寂寞的孩子不放，企图把孩子置于自己的支配下。

双重束缚的沟通

我想稍微讨论一下，前面引述的论文中提到的“精神分裂症”，其中的引发原因之一称为“双重束缚的沟通”。

我用自身经历当作范例：我父亲是个支配欲极度强烈的人，当然他绝不承认自己有支配他人的倾向。他灌输我们，身为人必须遵守的美德之一就是“顺从”这样的观念。他几乎天天问我：“谛三,一个人所要遵守的最重要的美德是什么？”我则被迫重复说道：“是顺从。”

对当时的我而言，“顺从”是绝对的美德。这实质上指的是我个人的服从。而我父亲通过强迫我对他的绝对服从，来压抑自己内心的不安。

有些父母让自身的无力感演变成强烈的支配欲，对他们来说，孩子的自立会使他们不安。就我个人的处境而言，我必须主动对父亲表达服从，光被动地服从命令，他并不会感到满足。

我父亲总是大言不惭地主张，自己是个作风民主的父亲。为了不揭穿这个假象，我必须演出自己是以个人意志、以“自己的期望”来采取行动，来达成父亲的愿望。

除了满足父亲本质上的支配欲，更必须认同父亲“民主作风”的虚伪外表，所以我被迫完美扮演好一副懦弱无力的模样，这正是我的职责。

我还被灌输了另一种美德：“胆识”。父亲不断教诲我：男儿必须像英雄豪杰般坚强。我也老是被迫回应：“胆识”与“顺从”是重要的美德。同时，必须随时随地展现“胆识”。有时候父亲会逼我从屋顶上跳下来，一旦我吓得脸色发白，就会被他嘲笑。因为他认为，从高处往下跳会害怕，表示我没有胆识。直到现在，我依旧无法忘记当时的恐惧。

我父亲非常胆小，不过他并不会承认自己软弱。为了压抑自身的弱点，便将这些投射到我身上。换句话说，父亲在我身上发现胆小的特质，通过批评这点，来消除内心的纠结。

小时候，家里曾因停电而陷入黑暗，我一边害怕得发抖，一边摸索着爬上楼梯。当时我没有发现父亲正站在楼梯上，突然间，他在我耳边大叫，还戳了我一下。我因此被吓坏了，差点儿从楼梯上滚下来。看到我惊慌失措，父亲竟然放声大笑，指着我道："你这胆小鬼，真是没用！"

幼小的我，耳边经常响起"胆小鬼"这样的斥责。父亲有时语带嘲讽，有时则露出恐怖的表情瞪着我，生气地大骂，每次都令我畏惧到全身打战。

为了消解自我压抑所引发的内心纠结，他们对人的冷酷批评，无所不用其极。就如罗洛·梅说的："为人父母若内心经常缺乏自信，潜意识里对自身力量缺乏信赖，那么他们会倾向于刻意要求孩子拥有勇气、独立自主，甚至要孩子具有攻击性。"这就是父母自我压抑、在内心投射下形成的机制。

也就是说，父母不仅会有无理的要求，还会因为孩子做不到而大发雷霆，加以挞伐，通过激烈的批判来消解内心的纠结。

以我父亲为例，他很清楚自己并非世间观点中“有男子气概者”，但却不愿意也无法承认这个事实，只能一味地自我催眠：自己是男人中的男人。如此一来，两者就出现严重矛盾。而为了解决他内心的矛盾，便把压抑下来的一切情绪投射到他人身上，并且大肆抨击。

话说回来，我们讲回孩子的“双重束缚”。身为孩子的我，一方面被迫演出瘦弱无力的模样，另一方面又被父亲要求展现男儿应有的胆识。这等于是同时接受与拒绝爱，是不可能解决的课题。有句谚语说“举着拐杖，喊着狗”指的就是这种情况。明明喊着小狗的名字要它过来，但当小狗一接近，却猛然高举拐杖把小狗吓跑。此时故技重施，再度呼唤小狗过来。“双重束缚”就是类似这种矛盾至极的沟通方式。

为了消除这种情绪，内心惶恐不安的孩子无论什么事都愿意做。只要能避开不安，即使会使自己感到不愉快也甘愿。因为，比起不愉快，不安的情绪更加令人煎熬。只要能够免除不安，就算陷入不幸也无所谓。

如果父母真心爱孩子，孩子便能够自由地展现自身弱点，表达感受，自发性就能获得成长，也不会感到焦虑。有安全感的孩子，不会刻意努力给他人留下好印象，他们会去做的，都是自己能力范围内做得到的事。

反观缺乏安全感的孩子，他们将所有精力都用来取悦父母，到最后连自己的渴望是什么都不知道，丧失了实现自我的能力。

“乖孩子”在孩提时期总是被周遭的人们要求、强迫扮演虚假的自己，因此长大成人后，遇到挫折，还是会为了获得认同而接受一切，并且牢牢抓住这个“假象自我”活下去。但这个策略却出了纰漏——**越是依赖扮演“假的自己”，那内心深处“真的自己”就会越蔑视自身**，这是很容易理解的。

希尔逖说过，幼年时期的快乐回忆，美丽余晖能映照一生且不会消失；然而，痛苦的不快感也会牵绊一辈子。所以，孩提时代的快乐是人生的财产，可这个时期的忧伤却会成为人生的负债。

第 3 章

/

不安所引发的心理疾病

不安的三种基本表现

人被遗弃时，内心所感受到的不安是什么呢？我们来想想看。罗洛·梅针对不安这种情绪的说明如下：请想象一群在战场上浴血奋战的士兵，假如敌人炸掉了我方的通信中心，结果会如何？恐怕我方军队会失去方向，不仅惊慌失措，甚至会溃不成军吧。这时，士兵们就会陷入不安之中。罗洛·梅说，不安会使得人类失去生存方向，不知所措。

人们只要感到不安就无法放心，最后被满身的憔悴驱动，怀着神经质的竞争意识，或者想造成他人不幸，或者食欲不振、失眠缠身，极端地迎合他人。

引发不安情绪的，就是内心的纠结。卡伦·霍妮表示，要解决这些纠结，首先得区分当事人属于三种基本表现中的哪一种。

其中一种表现属于勉强自己装乖，也就是所谓“乖孩子”的表现。他们总是要先摸清楚对方想法，否则绝不会发表自己的意见，甚至可以说，他们根本没有自己的意见。

另一种表现的人，则会摆出一副像是要找碴儿的态度，经常与当下的气氛格格不入。

第三种性格为内向性格。

沟通分析大师慕瑞尔·詹姆斯（Muriel James）表示，孩子最初感受到的不安，就是被弃置或舍弃。

与母亲的关系缺乏信赖

有个名词叫作“原生信任感”。然而，有一群人并没有“原生信任感”，也就是说，他们身负着“原生不信任感”。这些人在幼儿时期原本应该与母亲建立起具有信赖的关系，却没能成功。**当母亲没能给予孩子心理成长所需的“绝对的必要保护”时，孩子就会对生命、对自己周遭的世界抱持着根本的不信任感。**

这种人不论如何都无法打心底相信他人的好意，无法相信爱情，也缺乏安全感，有着各种心理缺陷。

年幼的孩子遇到了困难，原本深信母亲一定会帮助自己，没想到母亲却不愿意伸出援手。而当他不断面临这些情况时，岂不是会失去相信他人或自己的能力吗？

例如，小孩被迫背黑锅，扛下自己没犯的过错。孩子认为，自己光明磊落，不怕被人追究而心安理得，同时也期待母亲会站在自己这边，替自己说话。然而，母亲却背叛了自己。

孩子希望母亲会支持自己，所以在自己所畏惧的父亲面前发表意见，说出自认为的真理。这些举动都是因为，孩子觉得母亲会跟自己站在同一阵线，但没想到母亲竟然转过身来责备、批判自己。

遭到母亲反咬一口、重复遭到背叛的孩子会做何感想？如果孩子已经是青少年，伤害还在可以承受的范围。不过，同样的举动对幼儿来说，是严重到仿佛天崩地裂的程度。幼儿无力对抗周遭的攻击，当一切与自己敌对时，世界就是个充斥着恐怖的场所。

母亲不但没保护自己，甚至还成了施暴的暴君。现实之中，就有不少孩子遭到照顾者的虐待。对这些受虐儿来说，这个世界好比阴森的深山老林，到处布满毒蛇，举目所见都有毒蛇扬起蛇颈摆出恫吓的姿态。

亲生母亲没有耐心等待孩子自然而然地成长，反而歇斯底里地对孩子发怒，或对孩子的话充耳不闻，并施以毒手。尤其是那些有精神官能症倾向的父母，经常会对孩子提出无理要求。对幼儿来说，遭到父母虐待的恐怖之大，他们面临的恐惧远超出成人的想象。

在关于精神分析的书籍里，经常用“遭遗弃的不安”来指出问题的严重性：一个软弱无力的人，被抛弃在这个充满恐怖的世界里。他们遭到的遗弃，可不只是陷入孤单而已，而是在这个需要他人善意支持的世界中，他却形单影只，处于孤立无援、自生自灭的状态。

心理健康的人很难想象这个世界有多么可怕。但对于内心不安者而言，整个世界充斥着毒蛇，每条毒蛇都还扬起头，吐出鲜红的舌头。身在危机四伏的世界里，原本应该帮助自己的人却遗弃了自己，这才是最令人绝望的。涌上心头的感受，与其说是“不安”，不如用“恐怖”一词来形容会更贴切。

身处险恶的境地，却无人救助，这种残酷的经验恐怕会支配这个人的一生。不少人在幼年时期多次尝到需要帮助却孤立无援的滋味，他们就在这个过程中塑造了性格。

本以为母亲会保护自己，但母亲却为自保而舍弃了孩子。经历这些痛苦经验的人将来无法信赖任何人，所以当这种人沦为迎合强势的哈巴狗，甘愿成为对方招之即来、挥之即去的工具，借此保护自己，也是无可厚非的。

比起被遗弃的恐惧，宁愿选择服从

换句话说，“乖孩子”表现出乖小孩应有的行为，是最万无一失的安全路线。他们内心有着一种恐惧感：如果自己不当个乖孩子，以后会有什么下场，实在难以预料。就是这份恐惧迫使他们只能扮演乖小孩。

幼小的孩子并不知道被父母抛弃后，该如何活下去。因此，对他们来说，遭到遗弃的严重性等同于被杀害。让小孩怀着被抛弃的不安，等于是威胁他们：“要让你死！”

碰到这样糟糕的父母，孩子只得迎合，无论父母有任何无理的要求，孩子都必须顺从。他们脑海里不断思考该怎么做才能确保安全，同时拼命扮演乖孩子。

扮演“乖孩子”的小孩被恐惧笼罩，倘若不照对方的指示去做，将不知道会受到何种对待。**孩子觉得，要是不听从大人，下场会很恐怖。因此在弄明白对方的企图和期望之前，绝不会说出自己的意见；在摸清楚取悦对方的方法之前，绝不采取行动。**

或许他们读到“遭遗弃的不安”这句话，恐惧就会涌上心头。乖孩子所怀抱的情绪，比起“遭遗弃的不安”，更确切地说是“恐惧”，害怕自己若不顺从，就会遭到难以想象的毒手。

请试想，假如你身处危机四伏、语言不通的外国，没有任何人帮助自己。这时，身旁只有一个恶棍，但他是自己的同胞。这个恶棍不但通晓当地事，还会说当地语言，拳脚也不赖。在这种时候，明知对方是个坏蛋，但你会避免破坏他的心情，凡事都乖乖照对方的话去做。

正因为担忧对方会不悦，也不知道会遭到何种对待，假使激怒对方而被抛弃，在这个语言不通、举目无亲的国家，那就真的活不下去了。激怒对方自己也会局促起来，所以宁愿牵强附会地说服自己来顺从对方，也好稳定心情。

与其耗费气力憎恨对方，不如换个方式解读会使自己更轻松。憎恨不仅劳心又劳力，在心里攻击对方也需消耗能量，便索性把对方所做的一切都朝好的方向解释，也不抱怨，心理比较不会有负担。然而，一旦憎恨对方，就会觉得自己无所凭借，更会因此发觉，自己正面临着孤立无助的这个事实。

碰到这种状况，任谁都会乖乖服从吧？或许会想尽办法取悦对方，小心翼翼地察言观色，并说服自己，对方不是恶棍，而是个好人。即使遭到对方不当的对待，也会自行解释，认为这是理所当然。因为不管遭受到任何对待，自己都无力对抗，所以只能一味听从。万一没有服从对方，接下来的遭遇恐怕会更残酷。况且这种状态还不知何年何月才会终止，只好逼着自己接受对方的所作所为。毕竟，将对方解读成恶人是需要勇气的，这等于是在反抗对方。在这种情况下，仍有勇气起身对抗的人并不常见。

我们试着想象，当孩子处在这种状态，处境甚至可能更为悲惨，大概就可以理解“凡事听话的乖孩子”的真实面貌。孩子在这种腹背受敌的环境之下长大，心理不可能健康成长。对这些自我发展受挫的人而言，世界永远充斥着危险，且缺乏他人的善意与帮助，是生存不下去的——只要活着，就永远备受威胁。

借由迎合对方来自我保护

内沼幸雄[1]先生在《从对人恐惧症谈到躁郁症》这篇论文（出自《躁郁症的精神病理》第四辑）中提到费尔贝恩[2]（William Ronald Dodds Fairbairn）的一段话："与其生在恶魔支配下的世界当圣人，不如活在善良神明治理下的世界当罪人，还更加安全。"

若觉得自己的处境危险，要将对方解读成恶人便需要勇气。把对方当作坏蛋，恐怕会受到更严厉的处罚，这点令人

① 日本精神科医师，帝京大学名誉教授，专攻精神病理学。曾在1994年鉴定"宫崎勤事件"被告罹患了"多重人格"。

② 英国心理学家。

感到相当恐惧。

举例来说，假设有一群人身陷险境，通晓当地事务的只有这个集团的首领，还是个冷酷又无情的人，而其他人都缺乏能力，没有任何办法。在这种状况下，有人敢在私下偷偷说首领的坏话吗？应该害怕到什么都不敢做吧。一旦有人向首领告密，恐怕就小命不保。在一个前景不明的环境里，纵使首领恶劣狠毒，每个人还是只能大声称颂，不敢有所批判。

对这个集团的成员来说，不去憎恨首领，在心理上会好过许多。因此，人们对于首领的恶行都视而不见，也是很自然的现象。他们反而会把这个凶暴的首领当作善人，而将攻击性情绪发泄到自己身上，更能明哲保身。正如同费尔贝恩所说的，在神明的世界里当个罪人要安全得多。不过，那个神明，其实是个恶魔。与其把支配自己的恶魔视为恶魔，还不如把恶魔当作神明看待，还比较能够接受，心态上也轻松。对恶魔提出抗议，是可怕的事。如果目前状况安全无虞，要怎么严厉批判恶魔，人们都能说得出口。但是，情况若反之，这样的攻击意识可就需要相当大的勇气了。

哈里・甘翠普[①]（Harry Guntrip）认为，将费尔贝恩的这句话用来说明那些处在个人渴望无法得到满足的孩子所遇到的艰难困境上，发挥得最淋漓尽致，比喻得最鲜明精辟。

最为棘手的问题是，这些自幼没能与父母建立良好关系者，长大成人后，由于对周遭的世界已经有了前述的认知，仍活在同样的威胁下，老是迎合对方以保护自己。这也就是开头所提到的“原生不信任感”。

每当遭逢危险时，他们便认为，不会有人对自己伸出援手。这种想法是在他们还懵懂无知、尚无记忆力时就形成的，对世界的认知、感受方式则是潜意识的产物。

他们在危险世界里大声呼救，母亲却置若罔闻。遭到背叛时感到恐惧，发觉世上没有人能帮助自己时，惊恐令全身颤抖不已，这样的体验会深藏于记忆里，支配着这个人的一生，且不断从潜意识跑出来作祟。

---

① 英国心理学者。

对人不信任的后果

人们常说，容易罹患忧郁症的人，缺乏与人针锋相对的勇气，生存的目的只为了得到他人的接纳。卡伦·霍妮曾说过，精神官能症患者把“获得他人接纳”视为与生命同等分量的大事。

但在我看来，性格中有这类状况者就好比双脚踩在布满地雷的危险地带。他们无力与别人对立，将世界视为不安全的集合体。不管他们是否明确地意识到这点，至少在潜意识层面，他们深信，当自己在千钧一发之际，不会有人出手帮忙。因此，这类人总是畏畏缩缩，不敢持反对的意见，希望被众人喜欢。而一旦被某个有权有势的人盯上，还被当作器张的家伙看待的话，恐怕就无法生存下去了。这完全是因为，从幼年起，他们就觉得世界非常危险，再怎么样高喊着救命，都无人援助。这样的体验化成“原生不信任感”，支配一生。简言之，他们无法信赖别人，对任何事情都抱持怀疑的态度。

社会上经常讨论关于孩子“拒绝上学”的问题，起因或许是孩子根本就不信任父母。由于对父母缺乏信赖，所以踏出家门就更觉得不安，还会担忧当自己不在时，家里可能会发生重大事件，像是父母病倒，爸妈吵得不可开交，而自己的生存据点因此遭到破坏，失去容身之处。难以承受的不安与担忧，就在孩子心中无限蔓延。

换句话说，孩子对于“家”这个心理与肉体依存的地方缺乏信赖，就没办法轻易地踏出家门。

相反地，有些人对“家”则有着无法感动的信赖感。孩子拥有令人信赖的父母，就能安心踏出家门上学去，无忧无虑地到外头玩耍。但假如父母本身就已经缺乏安定感，那么孩子也无法做到这些了。

从这个角度来思考，那些表面上看起来体贴父母、个性温顺的孩子最容易有“拒绝上学”的倾向。事实上，他们是一群“依赖需求”没能得到满足的小孩子。

满足孩 子“依赖需求”的前提是，必须拥有一对值得信赖、让人安心的父母。倘若父母相当情绪化，不知何时会大发雷霆，即使父母对孩子表现出百般宠爱，孩子只会觉得不安且紧张，“依赖需求”无法得到满足。于是，就会出现类似“拒绝上学”之类的反常举动，以及引发各种心理疾病。

将憎恨与敌意压入潜意识

更重要的是，当孩子渴求帮助时，遭母亲弃而不顾，却不得不继续把母亲看成温柔良善者。孩子必须压抑住遭到忽视时所涌现的惊讶、恐惧与绝望等情绪。在四面楚歌中，一个人要是对他人怀有恶意，那么就更加岌岌可危了。正因如此，唯有化身为处处配合他人的角色，才能自保。就连对自己的母亲，也得扮演一个乖孩子，沦为他人的精神奴隶。

如同我在前述多次提到的，这样的孩子所处的环境，是个单靠自己的力量并无法生存的世界，而他们身旁也没人给予帮助。不管他如何求援，每个人都视若无睹、充耳不闻。他期待母亲能够拉自己一把，却还是被孤立着。正因为需要援助时，惨遭遗弃，更无法将别人想得很恶劣。当孩子体悟到这个事实，那令人惊愕的冲击会导致他变成一个时时委曲求全的人。

靠自己无法生存，对未来彷徨不安，担忧也无限延展，无法仰赖自己决定未来方向。人类为了存活下来，需要有他人帮助，这些都是大家在幼年时曾经历过的感受。假如身边没有人愿意相助，全世界都与自己为敌，那么幼童所感受到的恐惧之深，是成人无法预想的。

我猜想，这份恐惧恐怕就在记忆深处，并通过梦境等方式呈现出来。我们长大成人后，也曾被噩梦吓到全身动弹不得，即使醒来发现一切都只是梦，还是会惊惧不已，浑身打战。

当人们做了噩梦，若试着追忆梦境里的人物与过去经验之间的联结，通常脑海中会浮现意想不到的过往的体验，结果令人惊讶。这些体验对当事人来说也多半是恐怖的经历。

以我个人来说，每当白天情绪有过较大的起伏，或者对某件事感到雀跃兴奋时，通常夜里就会做噩梦。举例而言，出远门来一趟长期旅行，眼前大自然为我带来的感动，几乎瓦解了我平日筑起的心墙。在这样的夜里，我往往会梦见相当可怕的噩梦，令我不断呻吟。

梦里，我独自一人被抛弃在敌人的地盘上，认识的人都逃之夭夭。无论我如何声嘶力竭地喊叫，依旧无人出手相助。不知道为什么，其他的人都有办法靠自己的力量逃脱。只有我，没人帮忙就逃不了。然而，其他人都一副事不关己的模样，甚至还包括我的母亲——那个我深信绝不会离弃自己的人也是如此。非常可怕的梦境。

对于有能力在危险世界里自我保护的人来说，他们能够痛批那些抛下自己的人。然而，对于那些只能用迎合他人的方式来自保的人而言，他们仅会抑制住攻击的举动。于是，不管憎恨与敌意有多少，都只能被逼进潜意识里。

因此，在恐怖世界里遭到孤立的人，虽然心灵深处确实暗藏着憎恶的情感，但却无法意识到这点，还有些人一辈子都没有察觉到自己真实的感受，只懂一味迎合他人的喜怒哀乐，就这样步入生命的终点，是很悲惨的。

他们其实是害怕意识到自己对对方恨之入骨，所以只能给自己洗脑，勉强把对方当作温柔的好人。这类人在心理上永远惶恐着，胆怯着，看别人的脸色来过日子。还有不少人遭到他人不断利用，榨取到一滴不剩，而他们却不知道自己为何而活。

人类会因屈服于恐惧，而背叛自身的情感，也害怕自己抱有恶意，便刻意将憎恨的对象视为温良敦厚者。甚至，有些人无法承受悲伤，那种滋味实在太令人难受，所以他们宁愿相信什么事都没发生过。即使在心底对那个人满是憎恶与恐惧，也无法有所察觉。

这些逃避自己真实情感的人，心理成长也会触礁。亲生母亲冷酷无情，总是违背自己的渴求。当自己深陷恐惧时，向母亲求助，面对的却是她毫不关心的态度，令人心碎。但要批判这一切，被孤立、恐惧罩顶的感受又太过强烈，难以承受。

幼年时期未能与母亲建构起良好关系者，这辈子将无法触及自己真实的情感，也害怕与人发生情感上的冲撞与纠葛。然而，在成长过程中，我们必须尝到各种酸甜苦辣的滋味。如果逃避这一切，便无法获得成长。

“酸葡萄”与“甜柠檬”

完全不触碰悲伤、愤怒、惭愧、憎恨等负面情绪，其实是一种防卫行为。会逃避的人，内心没有强大到足以去品尝这些滋味。由于无法忍受如此痛苦的情绪，人们只好选择逃避或者合理化，甚至用别的东西来取代，加以解释、自我说服。

类似的例子就是“酸葡萄”与“甜柠檬”。“酸葡萄”是取自《伊索寓言》（*Aesop's Fables*）中的故事，狐狸想摘取葡萄却摘不到，就宣称那串葡萄是酸的。而这里所指的“酸葡萄”，则是即使吃起来是甜的，那个人依旧认为是酸的。就算吃着甜食，也只感觉到酸味。现实生活中明明充满令人愉悦开心的事物，不过这类人若缺乏依存的对象给他保证，就会以为生活并不快乐。而且，连感受快乐的情绪都令他战战兢兢。

相反的例子则是“甜柠檬”。口中吃着酸不溜丢的柠檬，本人却认为是甜的。他们的现实生活充斥着辛酸与悲伤，但如果意识到这些情绪，就等于背叛了自己所依存的对象。所以，这些人明明内心惧怕又难过，却要强颜欢笑，硬着头皮说好开心。他们压抑内心的酸楚，不断给自己洗脑：这样就是快乐，就是幸福。

“甜柠檬”的故事出处不明，不过跟“酸葡萄”的寓言同样属于阐述防卫心理的故事。一旦自我武装起来，这类人就算到天荒地老都无法与他人有心灵上的交流。

第 4 章

/

表面上的“适应”

闪避与人对立的原因

前文提过，有忧郁症倾向者无法与人对立。不去选择对抗他人，陷入尴尬，而宁愿选择压抑自己。他们觉得，与其表现自我却与他人格格不入而备受煎熬，压抑自己其实是比较轻松的。

看起来懦弱的人、外表体面的人、作风稳重的人，以及拥有所谓“精英”条件的人，其中也有不少人会选择避免冲突。那只不过是被迫躲开而已，并不是什么了不起的谦让行为。

换句话说，他们的修养并没有好到不对人发火，只是无法忍耐和人对立时的尴尬罢了。然而，这是他个人的感受，对方不一定也觉得如此。

由于对方不觉得尴尬，所以能明确表现出自我的想法。这是一种强大的表现，绝非任性或撒野。

“自我表现”也通常暗藏着与他人对立的危险性。害怕对立的人即使满腔怒火，也不得不忍受下来。但这样的忍让却会耗损能量，引发心理上的反扑，毒害这个人。因此，压抑着怒气度日的人总是缺乏活力，即使受到污辱也无法严正抗议。他担忧一旦自己抗议，就会破坏以往所建构的人际关系。

如果当事人是幼儿，则会害怕如果向母亲抗议，将失去从母亲身上得到的满足——由母亲喂养的牛奶，以及喂奶时与母亲肌肤接触所得到的满足。也就是这样，所以孩子宁愿选择忍受不平的情绪。

但要是无法宣泄内心的不快，所失去的便会更多。首先，就是前述提到的，这个人将不再觉得自己有力量，自我忍耐也消耗心理上的能量。于是他只能永远依附着他人而活，仰赖他人照顾，最终心理无法成长。

幼年时期缺乏爱的灌溉，这样的体验对于日后人生将会带来深远影响。与人交流时无法持反对意见，就是其中一种后遗症。就算被对方羞辱，也无法流露出愤怒。这就是前面提到的，他们与人往来时的忍让，就是不想丧失自己所得到的些许满足，所以极力避开拒绝对方时所产生的罪恶感，还有逃避进退两难的尴尬。

转移到自身的怒气

很多女性面临丈夫有外遇，选择忍气吞声，就算先生早已跟别的女人一起过日子，打算与糟糠之妻分手，太太却无论怎样都不愿离婚。在这种状况下，妻子对先生想必充满愤恨，却又担心对丈夫泄愤，只会令他越远离自己，于是只好隐忍，露出笑容，迎接偶尔回家的丈夫，但早已怒火中烧，踢翻了醋坛。

在这些人之中，有的人过于压抑情绪，甚至感觉不到一丝怒气。其中，似乎有不少都是罹患精神官能症的病例，尤其是那种对爱有着强烈渴望的女性，为了跟仅剩一纸婚姻的丈夫维持关系，拼命遏止怨恨之心。到最后，她们还自责地认为，丈夫出轨找第三者，是因为自己是个不称职的妻子。

原本应该往对方身上发泄的怒气，却转向攻击自己。最后，迷失了人生的目的，更严重者还会丧失爱人的能力，只能一味地索取爱，成了心中满是恨意的人。

为了不失去与丈夫之间的关系，妻子就把怒气往自己身上发泄，也逐渐变得没有自信。没了自信，却依旧汲汲营营地想得到对方的爱，否则就活不下去，总是低声下气、畏畏缩缩，看着别人眼色过日子。

最关键的是，丧失了享受生命的能力，无法对周遭事物产生感动，没有闲情逸致去欣赏美景、聆听迷人的音乐，做任何事情都无法由衷地感到欣喜。

此外，由于原本应该对对方生气却反而责难自己，过度自我否定，使她们不具魅力。女人味或性感都消失殆尽，甚至丧失生命的活力，自信也就越渐消逝。

然而，事已至此，丈夫也差不多想与发妻分道扬镳了。身旁的人们恐怕也会有“有这种老婆，难怪男人想离婚”这类的流言蜚语。如此一来，就出现一种吊诡的现象——太太明明是受害者，却蒙上了一层罪恶感。

她们丝毫没有察觉到，自己内心充斥着不满的情绪，最后只能自暴自弃。因为过于担忧与对方关系破裂，反而让自己的人生落入无底洞；就因为无法表现出情感，不但丧失自我，也失去了对方。

遭遇这种情感背叛，若是可以忍受寂寞，独自展开人生，不久会再度感受到一股新的力量，重生为朝气蓬勃的魅力女性吧。在寂寞中或许会号啕大哭、怨天尤人、怒目咬牙，但走过这关，就能重新振作，充满能量。这样的女性或许还有机会邂逅新的恋情。

不过，大多数的人却害怕与人对立，担心伤害对方，因为他们在与别人针锋相对的过程中遍体鳞伤，所以认为对方也会受伤。于是，对与他人对立怀有罪恶感，凡事言听计从，结果付出的代价更大：丧失对自己的信任与自信。令人更不快的事实是，他们居然还把言听计从合理化，当作一种“了不起的美德”。

为了实现自我，“利己”是必要的

一个能够实现自我的人，不会没事就顾虑他人的心情，也不会刻意压抑自己的愿望。从这个层面来说，他们是一群极端的自私主义者。但这里提到的“愿望”，不同于情绪化且幼稚的人所抱持的“以自我为中心的愿望”，两者完全不同。

前者的愿望并非想被吹捧，也没有刻意要惹讨厌的人生气。既不是要令他人不幸，也不是以报复，而是为了某个人奋发进步，或者是想打橄榄球、出国读书深造之类的，属于积极向上的愿望，没有精神官能症的倾向。

若想达成自己的愿望，多多少少会对旁人造成一些麻烦，而这正是百依百顺的人办不到的。害羞内向的人，甚至无法向外寻求协助。有忧郁症倾向者，无法心安理得地接受他人的善意。忧郁型的人只要从他人身上获得什么，就觉得必须加倍奉还，不然就会感到惶恐不安。

而能够实现自我的人，可以平心静气接受他人的好意，认为请他人帮忙又有何妨。他们不会像百依百顺的人，接受些许善意就诚惶诚恐到全身发抖。他们能强势地要求他人援助，即使给身旁的人们造成麻烦，也会坚定地贯彻自己想做的事。

有精神官能症倾向的人，无论大小事都会担忧令周遭的人困扰。他们觉得，与其增添别人的麻烦，不如别接受他人的好意。

在美国心理学家戴维·希伯里（David Seabury）的书中，有一篇文章写道：“树叶飘落在树下腐烂，这只不过是树木成长的过程，与自己无关。”不过精神官能症患者却不这么想，他们将责任揽到自己身上，宁愿停止自我成长，也不想成为他人的包袱。

自然界的法则就像希伯里所说的那样严苛，而容易罹患精神官能症的人似乎跟不上脚步，必须顺从宿命活下去。也就是说，由于无法成长，最后陷入了精神官能症，那才真的是带来麻烦，并且会波及身边那些柔弱善良的人。

事实上，展现真正的自我可能会遭到某些人抨击并被离弃。这群人过去通常是精神官能症患者无法拒绝的对象，他们抓住患者的弱点，加以利用。

父母若患有精神官能症，负担最大的就是家中的孩子，而非周遭的成人。狡猾的成人只会把这名精神官能症患者当作猎物罢了。

能够实现自我的人，会明确表达出自身的情绪，即便与对方意见不合也不太在意。当有人来请托，一旦他认为这对自己不方便、不适合，就会断然拒绝，也毫不介意。

从这个角度来看，他们随心所欲得令人惊讶。他们不会把充满敌意的刀锋指向自己，不会因他人不幸而窃喜，不是内心灰暗之人。即便与对方针锋相对，也不会在背地里搞些小动作。相反地，有精神官能症倾向者就不是如此了。

精神官能症患者所表现出的言谈举止，绝不能从表象解读。能够自我实现的人，当他们替对方做些什么事时，确实是替对方的幸福着想。然而，罹患精神官能症的人大多会说着冠冕堂皇的话，心里想的却是相反的事。

比方说，一名精神官能症患者，表面上摆出作风民主、对权力毫无欲望，仿佛圣人一般，但内心深处却期望如同专制君主一样独断，且众人都对自己臣服得五体投地。他们忽略自己在情绪方面并不成熟，却试图展现手腕，做出一番大事；所遵循的规则与本性之间经常彼此矛盾，无法意识到自己内心的真实。

精神官能症患者最后遭到他人厌恶，就因为内心摆明有强烈的支配欲，但用看似光明正大的理由将其合理化，自己则浑然不觉。明明感到恐惧不安，还硬装出一副自信满满的样子，这种伪装的自信使人厌烦。

表面上的“适应”

让我们重新思考一下幼童与母亲之间的关系。通常母亲会以孩子为中心，尽可能满足孩子的需求。但当家中有客人长时间停留时，母亲和其余家人的注意力都集中在照顾客人上。年幼的孩子会因此觉得自己不是家里的中心，而感到不满。所以当客人离开后，大部分的孩子都会大发脾气闹别扭，发泄他们的情绪。

比上述更棘手的状况则是，当这个孩子有了弟弟或妹妹，父母的关心就转移到新生儿身上。情绪够成熟的父母，可以理解这种状况对孩子来说是多么严重的事，于是会尽最大的努力关注年长的孩子。然而，情绪不够成熟的父母却办不到，结果孩子内心便留下难以磨灭的伤害，伴随一生。更大的问题在于，伤口隐藏在本人的潜意识里，难以察觉。

孩子想吸引心目中重要的人注意，但愿望却从意识层面被逼进潜意识里，而有些人一辈子都受到这个隐藏的愿望支配。他们总是愤愤不平、一脸不悦，但就连他们自身也不太清楚原因。坏心情殃及别人，可最痛苦的还是难过郁闷的本人。

由于他们未能准确掌握自己“欲望没有满足”的真实面貌，所以气恼不服，但他们没有察觉到根本的渴求是什么，便总找些稀奇古怪的理由与他人纠缠不休，或者陷入郁闷、闭嘴不语，除此之外没有别的办法能够发泄。

如果当事人是一名幼童，为了试图吸引父母关注，就会当个“百依百顺的乖孩子”。顺从的孩子怀有失去父母关注的心理创伤，而他们长成了言听计从的大人后，持续掩藏着内心的伤口。同时，将想成为对方中心的愿望逼到潜意识里，然后当个对他人言听计从的“体面大人”，最后罹患精神官能症。

或许失去某样东西是引发精神官能症的契机，但更根本的是“欲望没有满足”已经到了极限。

凡事都受到他人心情左右、被支配，却不曾做过自己真正想做的事，浑浑噩噩过一辈子。真正渴望的事未能得到满足，揣想他人的情绪，活着只为了博得对方欢心，却不曾发觉自己真正的愿望。**他们不敢对应该愤怒的对象大发雷霆，于是用笑脸伪装自己活下去。**这是表面工夫下造成的“适应良好”。这些从小被认定为无须大人操心、没有问题的孩子，不曾面对心底的真实自我，也不曾依从实际的自我来采取行动，永远只想着获得周遭人们喜爱，却没发现已经从根本破坏了他们自己。

重要的是，拥有“选择自己所信仰”的勇气

因为不安而顺从的人，总是会吸引一群支配欲强的人到他们身边。因此，即使发现了内心深处的真正情绪，也束手束脚无法行动。他们以往被人视为服从的羔羊，一旦拥有自己的意志，或者开始持反对意见、拒绝他人请托，就会被旁人制止。因为，他身边的这群人原本就是支配欲强的类型，就是看上这个人的“乖巧”才会来往，他们早已习惯看扁这个人，不把他当作一回事。

因不安而变得顺从，到罹患精神官能症的人，想摆脱泥沼，就必须先对周遭人们的轻视眼光感到气愤：为什么只有我被看成低人一等？为什么我得遭到这样的对待？要是连本

人都不觉得生气，那也莫可奈何了。

为了不安而顺从他人者，旁人理所当然会要他乖乖听话。不知不觉间，“顺服听从”就如空气般自然，只要这个人一不服从，就会被视为罪不可赦。

“作为逃避的顺从”，无论是对当事人或是周遭人们而言，都不具建设性。最重要的是，如慕瑞尔·詹姆斯所说的：“比起他人的认同，更要紧的，是拥有勇气选择自己所确信的，并且有勇气不断做出选择。”

当深藏不露的负面情感爆发时

前文提到，有精神官能症倾向的人害怕被讨厌，所以无法流露自己的真实情绪。他们担忧，倘若毫无保留地表现自我情感，恐怕难以收拾；他们害怕，一旦流露出内心的愤怒，对方就会跟自己断绝关系。

“想将自己的怨恨与愤怒脱口而出，但另一方面又不愿流露负面情绪，她们期望扮演贤良且内敛的女性以受到他人喜爱。”①

① 译自日本诚信书房出版的《女性的不安》(*Women & Anxiety*)，中文版书名《愤怒，其实不是你的错：二十个步骤管理焦虑与沮丧》，为海伦 · 迪如丝（Helen A. DeRosis）著。

这类人态度不笃定，所重视的是“温柔的女性形象”，却为此付出巨大的代价——丧失自信。

带有防卫性格的人，一浮现负面情感，就会抱持着“一切都完了”这样的恐惧与不安。害怕与对方的关系终结，或者畏惧与人针锋相对，便隐藏起负面情感积累于内心。不过，愤怒并没有就此消失，而怨念或敌意也不会就这样被遗忘。

比起能够立刻发泄出来的人，他们不处理负面情绪，反将心中的愤怒、敌意或怨恨的根扎得更深，且焖烧着这样的情绪。因为想被爱、想被喜欢、渴望得到认同、不希望被讨厌，所以负面情绪就这样没有被显现出来，占据了整颗心。一方面想被喜爱，另一方面又感到愤恨，相互矛盾的两种情感在内心不断翻搅、纠结。

情绪若无出口，就会导致自杀、精神官能症、忧郁症、家庭暴力等状况。而这，已体现出他们本身无力处理的现象。

顺其自然的孩子与刻意适应的孩子

有精神官能症倾向的人，由于在爱情方面的渴求没能获得满足，于是牢牢抓紧既有的关系不放。这种人一旦有新的人际关系，就会巴着对方不放，投注大量的热情来维持这段新关系。但他们其实对这段关系缺乏信心，而为了这段关系，又必须牺牲自己真实的情感，最后导致牢骚满腹。与此同时，他也对这段关系抱有疑虑，无法相信这段关系是很稳固的，担忧着未来总有一天关系会崩解，而无法坦诚地表现自己的情绪。实际上，这不过是幼年时期与父母关系的延长罢了。

慕瑞尔·詹姆斯曾说，那些老是压抑内心的愤恨、面对请托总是无法拒绝的女性，其内心被一个“经过适应的小孩”所支配。他也说，那些依赖心强、无法独立的人、装作万事通的人、意志消沉的牺牲者或霸凌弱者的人，都与她们是同类。

根据詹姆斯的观点，在各种人格中，会不时就引发各种问题的，就是这种“内心经过适应的小孩”。他在其著作中写道，要让这种人恢复成“保持自然状态的小孩”，也就是会大笑、拥有兴趣、具有玩乐能力，通常需要心理咨询师的帮助。

“保持自然状态的小孩”会做自己想做的事，而且也觉得这没什么不妥。然而，“经过适应的小孩”则偏向选择做父母要他做的事，以满足双亲的要求，可他内心却不太能接受。实现了父母的期待，却无法肯定自己，多么令人悲伤啊！

在此所说的“经过适应的小孩”，即为所谓的“乖孩子”。我想强调的是，**成人的心里若是“经过适应的小孩”，则会有“企图在内心消化事情”的问题。**

举例来说，这种人一旦碰上困难或遭到他人误解，并不会去试着让别人理解自己。既不会借助他人之力来处理事务，遭到不公平的对待也不愿投诉以寻求解决之道。他们不会向他人要求，一切都在内心找寻出口。

詹姆斯也举出了“适应”常见的三种类型：“乖乖顺从型”“闷葫芦型”“凡事拖延型”。前面列举的什么都想自行解决的人，就属于“闷葫芦型”。即使对周围的一切充满怨恨，依旧想独自解决，怨恨反而越来越深。感到难受，明明可以向他人寻求协助，他们却绝不肯低头示弱。

而为了吸引关注，他们会扮演着个性开朗或者搞笑逗趣的角色，就是为了掩饰内心那个“经过适应的小孩”所背负的悲剧性情绪。有些“乖孩子”为了跟父母建立和谐的亲子关系，便选择“服从”这个手段。

然而，父母并未发现，孩子是由于不安而选择服从。父母浑然不知，还得意扬扬地认为，自己教出了乖小孩。孩子的乖巧听话，让那些内心充满无力感的父母感到愉悦，于是父母更不想放开孩子。孩子也理解到一点：比起主张自己的立场或想法来抗衡，乖乖听从父母更能减轻不安的程度。

可是，经过这种过程长大的孩子，只是从“乖孩子”变成“没自信的大人”罢了。

“认真大好人”压抑着敌意

害怕被讨厌，所以无法表现赤裸的情感，这类成人从小时候起就一直做噩梦。他们不想被抛弃，便持续扮演着乖孩子，至今仍过着与儿童时期相同的生活。成人后，依旧害怕破坏与他人之间的关系，成为一个无法表现自我情感的“好人”。只不过是从“乖孩子”变成“好人”，也就是“没有叛逆期的孩子”。

他们打心底认为，自己不值得被爱，也就无法获得他人喜爱，因此事事都逢迎投合。

孩子若抱持着被遗弃的不安感，是不会有叛逆期的。如果安全感足够，到了某个年纪，该反抗时就会抗拒。然而，如果孩子担忧遭到遗弃，就无法表现出任何反抗的举动。成为大人后，也无法坦率地表现出自身的情感，这就跟“明明处于叛逆期却无法叛逆”的孩子没什么不同。

一个人怀着被遗弃的不安，为了让别人喜欢而扼杀了自己，因此总是感到不满与不平。“不安”的情绪强而有力，很少有他物能与之抗衡。正因为不安太过强大，所以内心会产生各种压抑机制来避免不安感缠身。

> 他们个性极端地认真死板。即使这群人在意识层面上态度认真，但有时背后也暗藏着连他们自己都未曾发觉的憎恶与怨恨。[①]

“好人”无法察觉自身心底的真实情感。光看表面的行动，也无法了解人们的内心。比方说，这些好人经常抑制自

---

① 出自美国儿童问题咨询师威克斯夫人（Frances G. Wickes）的著作《童年时期的内心世界》（The Inner World of Childhood: A Study in Analytical Psychology，日文版由秋山聪子、国分久子译，海鸣社出版）

己对别人的敌意，举止才能彬彬有礼。因为心里对他人怀有敌意，避免让情绪浮上台面，只得死板地坚守着礼仪，待人接物小心翼翼，采取殷勤奉承的态度，十分周到。他们之所以对秩序与礼节的态度很固执，如此谨慎细心的背后，是为了于内心深处封锁敌意。

这与“害怕因拒绝对方而伤害到人”是同样的道理吧！压抑着内心的敌意，也就会过度担忧自己会伤害到他人。

另外，对于“发怒”这个行为，有些人会产生罪恶感，或许他们也压抑着敌意。而被罪恶感俘虏的人，所隐藏的敌意恐怕更根深蒂固也说不定。

第 5 章

/

隐藏在“另一个自己”背后的欲望

压抑导致对己对人紧闭心扉

在本章，我们来思考一下何谓“压抑”。

隐藏起自己的实际感受，就称为压抑。因为不想承认真实的情感，于是把它逼进潜意识的领域里。

譬如，情绪不成熟的人会为了得到他人喜欢，而替对方当牛做马，所以他就必须牺牲自己的心情、需求、渴望，等等。本人或许没发现这点，但潜意识里又唤醒了对对方的敌意，却又将情绪压抑下来。

这样一来，会造成什么结果？他一方面为求获得他人欢心而做些对对方有益的事，但另一方面却又祈祷对方陷入不幸，内心的情感扭曲变形——心理上依附着对方，且在被对方接纳而感到无比欣喜时，又偷偷打算伤害对方。

压抑，就是封闭自己的心，也对他人紧紧关上心门。不能和自己对话，也无法与他人交流。虽然压抑是自行消化处理的方法，却会遗留不少后遗症。大家应该经常听说，一个压抑敌意或性欲的人，罹患了精神官能症。**那些被压抑住的情绪浮上意识层面时，充满敌意或性欲是最容易自我察觉的情绪。**

另外，自卑感也属这一类型。当一个人虚张声势、忐忑不安，打心底觉得自己逊于他人却无法承认，其中较容易自我察觉到的“压抑”有：缺乏自信，就变得高傲自大来掩饰；或者压抑住对父母的敌意，压抑住对心理依存对象的憎恨。人们都经常讨论这些状况，个人也更容易自我检视，是否也有同样的问题。

相对地，也有某些压抑住的情感难以察觉。像是对自己怀有敌意的对象“渴求爱情”，就很难浮上意识层面。因为这属于“自我嫌恶”的部分，所以很难发觉。

当具攻击性的情感浮现，就仿佛从盲目崇拜偶像的迷失中清醒过来。换句话说，人们发觉自己其实对父母怀有攻击性的情绪之后，就是从心理上开始“断奶”的证据。

因为知道自己对父母怀有恨意，便会感到惊吓。接着，他们会发现，为了得到父母的接纳与认同，于是在各个方面都伪装自己，禁止自己抱持着任何不符合父母需求的情感。

这种时候，人们会深切地领悟到胸中翻腾的憎恶，对父母的亲近感也消失殆尽。不过，就算没了“压抑”的束缚，原本意识层面的情感也不会消失。虽解除了“压抑”，但“依赖”的情感仍在。毕竟“依赖”并非一朝一夕就能解除得了，可是人们却很容易有“以为自己解除了压抑，心理层面就有所成长”这样的错觉。

当察觉到对父母的憎恨时

人们发现自己内心隐藏着强烈情感，往往会对涌上心头的恐惧感到讶异。

以我本身来说，当察觉到自己痛恨父亲时，我的世界可说是天翻地覆的。我惊讶的程度之大，可堪比拟发觉天体运行移动的不是地球，而是太阳这件事。假如有一天太阳从西边升起、雨水从下而上、烤熟的鱼会跳舞、石头会流动、树叶会沉底，甚至整个地球崩坏，也不足与我当时的惊讶相抗衡。

在这个大颠覆之前，我的人生宗旨就是获得父母赞赏。为讨父亲欢心，我尽了一切努力，无所不用其极。“得到父亲的认同”就是我人生的意义。与其被父亲斥责，我宁愿砍了自己的手。对我来说，父亲的存在胜过万能的神明。我疯狂地扮演着所谓的“乖孩子”。

因此，当我发觉自己对父亲有着恨意时，整个人都呆住了，浑身无力。这也是无可厚非的。以往的我，每逢低谷就自我安慰“这辈子再怎么辛苦，到了阴间我还能再见到父母”，我就是一个没有父母便活不下去的孩子。

而我意识到“自己所认识的自己”并非“真的自己”，在我接受这个事实的同时，才开始解除压抑。**所谓真实的自己，是承认自己以往“绝不会容许的自己”，并且接纳这样的自己。**站在当事人的立场，这几乎比“地球其实是火星”还要严重。

这般的冲击恐怕又会掀起另一个压抑的反作用力。不必“压抑”就能生存下去的话，任谁都不会“压抑”。对当事人来说，压抑住的情感是极端强烈的情绪。只要发现内心潜伏着如此剧烈的情感，就会被这情感支配，而以往意识到的各种情感反而开始遭到压抑、排挤。

如果用政治语言来说明“解除压抑”，就是“革命”二字。这是围绕着政权的争夺战，推翻以往的当权者，国王也被推上断头台。

历经“解除压抑”这场革命，尊敬转为了轻蔑。更准确地说，是压抑住原有的尊敬之情，以轻蔑取而代之。一意识到对父母的攻击性情感，接下来就必须抑制住与此矛盾的情绪。

为什么会如此压抑，是由于他们未能从父母身上得到真正的爱。在他们的心中，应该还残存着想和爸妈撒娇、寻求父母爱他们的渴望，但渴求亲情的情感又与攻击性情绪相互冲突。于是，这回压抑的对象改为“对爱的渴求”，因此新的葛藤便于心底蔓生。

“乖孩子”无预警地成了家暴者

被爱的想望与攻击性情绪纠结在一起，最典型的呈现就是“家暴”。这些会对家人拳打脚踢者，其实不少人过去都被称为“乖孩子”，他们的内心经历了什么样的变化呢?

首先，他们与父母的关系存在着一种压抑，这种纠结产生了不安。为了防御这种不安，他们扮演一个不让父母操心且言听计从的乖孩子。他们试着通过当个乖小孩来吸引父母的注意，借此获得安全感。但如果他们努力当个顺从的孩子，却仍无法获得父母充分的认可时，结果会如何?

同样的处境套用在上班族身上来推想看看。比方说，有一个上班族对公司誓死效忠，希望获得保障。就算他有高度的热忱，但要是没有具备相对的能力以及贡献，公司是不会给予如他所想的认可的。对公司忠诚明明就该被认同，但效果却不佳。他可能会为此一改态度，说公司的坏话吧。

扮演不让父母操心的孩子，或是当个凡事顺从的孩子，全是为了得到父母亲的认同。在他们挥拳施暴的那刻之前，都仍是个乖小孩。

但光是扮演乖小孩，并不足以达成父母的期望。面对不安，他们态度开始出现变化——以往是逆来顺受，借此明哲保身，如今却来个大转弯，改用攻击姿态。表面上呈现的态度虽然不同，但骨子里对于爱的渴求、不安感皆依旧没有改变，只是寻求爱情的手段换了一种形式罢了。

当他们扮演乖孩子时，无法获得充分的父慈母爱，暗自责怪父母，却压抑了这股情绪。不管是过去的顺从或对家人施暴，在他们的心中，一样觉得焦虑惶恐，也一样对爱感到饥渴而痛苦不堪。

通过暴力来虐待、苛责父母，背后其实隐藏着缺乏安全感的爱情渴求。然而，无论他们如何狂暴地发泄情绪，都难以使内心平静。即使挥拳打人到凌晨，也无法填满对于爱的索求。这些在家庭中施暴的孩子，一面强烈地渴求爱，一面又拒绝着爱。一切都是为了责备无法足够理解自己的父母。

换句话说，这些人虽然对父母施暴，但内心却向爸妈渴求关爱。因此，这种类型的家暴是剪也剪不断、理也理不清的。

孩子期望被父母疼爱

通常，人们无法察觉到内心刚开始酝酿的纠结，原本被逼入潜意识里的情感，如今浮现于意识层面；而原本在意识层面的情感，则被赶入潜意识之中。

在过去，对父母亲的憎恨压垮了我，我不愿承认那些与憎恨相互抵触的情感。我的父亲确实患有精神官能症，不具备爱孩子的能力。

曾经，我把父亲当作神那般尊崇，但内心的纠结使我苦不堪言。后来，我察觉到自己心底怀着对父亲的攻击性情感时，仍旧渴望得到父母的关爱。但因为渴求关爱与攻击性情绪有所冲突，渴求的念头便被抑制下来。我居然会向那个自己痛恨至极、难以原谅的父亲渴求疼爱，这实在令我很难接受。以前好比神明一样崇高的父亲，如今在我心中却是来自地狱的使者。

对父亲厌恶到不行的我，完全无法想象自己会向父亲索求怜惜。一看到父亲，我都觉得自己会变脏，居然还希望令我深恶痛绝的父亲来爱我？我当时认为，就算天地颠倒也绝不可能。

不过，作为一个人，即使父亲是个重度精神官能症患者，孩子也怀有被爱的愿望。当然，这样的愿望是无法实现的，因为精神官能症患者缺乏爱人的能力。

暂且不论是否能够满足被爱的愿望，对孩子来说，是随时随地都有着这样的念想。情绪成熟的父母能满足孩子这样的需求，而孩子在心理层面也能从父母身边独立且自主。

倘若孩子的父母有精神官能症，小孩想被爱的需求无法得到满足，待孩子长大，发现了自我压抑，就会被自我压抑抑制住。

心理若要成长，必须解除那最后的压抑。解除压抑后，还必须消除新生的纠结，否则无法指望以后会成长。我自己察觉到二次压抑与纠结时，对内心存在的污秽震惊到全身发抖。我对自己说：“怎么会有这么蠢的事情发生？”我彻彻底底不愿相信，也可说是无法相信。我完全无法接受自己居然会向那个伪善、冷漠、卑鄙的家伙渴求父爱。我感觉自己简直是在泥泞里打滚儿，污秽不堪。

人类无法接受自己污秽的面貌、不堪入目的现实，只得压抑这种对自身的厌恶感。换句话说，就是不断催眠自己：我没有那么肮脏。**刻意压抑自卑感，外表也不得不虚张声势**。于是，当一个人拼命压抑这种自我厌恶时，其言谈举止就会变得相当不自然。

二次压抑与纠葛的折磨

我知道很多人无法解决这种“第二轮的内心纠葛”，因此一辈子都在烦忧、痛苦中度过。有不少人烦恼到写信给我，寻求帮助：他们虽然发现了自己压抑着对父母的攻击性情绪，之后却迷惘不已，找不到出口。

他们个个都不愿承认自己有精神官能症倾向，即使发现内心的压抑，却不愿认同过去的自己，只是一味地认为眼下觉醒后的自己才是真实的。他们认为过去的自己污秽不堪、装模作样、虚张声势，让他们不忍直视。于是他们自我安慰：过去的那个自己都是假的，并不是真正的自己。

然而，事实上，**无论是内心污秽的自己或者察觉内心压**

抑后的自己，两者都毫无疑问是真正自我的一部分。如果没有这番认知，压抑的轮回将没有终止的一天，甚至后来会演变成对自己与他人都紧闭心扉。

目前我还没读过有书籍讨论关于“二次压抑与纠葛”，但我认为这是相当重要的课题。年轻时，我曾罹患过精神官能症。我并不愿认同那段青春岁月里的自己是真实的自己。有很长一段时间，我都否定了这个事实，青年时的我言谈举止糟糕至极，就连我自己都想全盘否认。然而，那个满脑子充斥着不自然的念头、总是闹别扭的青年，其实也是真正的我。当我逐渐接纳了当时的自己，心中才开始得到平静。

否认过去的自己，不过是一种逃避的想法。一旦心中有这种念头，解除内心压抑也就失去了意义。好不容易察觉到自己内心隐藏的真实情感，却因为自我否定让这个觉醒的意义打了折扣。

这些人苦于二次纠葛，但他们仍坚信：身为人就必须体面，否则没有资格活下去。然而，无论他们多么想忽视自己的过去，依旧无法抹灭那些曾经，因为那也是真正的自己的一部分。若继续排除这些过去，即使上了年纪，心理上还是无法成长，最终成了一个忧烦且无法“随心所欲，不逾矩”的老人，大概心理成长的过程中，某些部分已呈现停滞状态。

当一个人持续排除某个时期的自己，就算年纪增长，心理层面都无法得到平静。拒绝接受过往的自我也是生命的一部分，并无帮助。这表示你怀着对某样事物的依存，暗藏着“自己得紧紧抓住某种东西或信念，才活得下去”这样的姿态。

要接纳自己所厌恶的过去是相当煎熬的，但如同前述，人类的成长并非一蹴而就，而是从过去到现在，历经了一连串持续的成长。话说回来，人们的生活态度，不也需要一种持续性吗?

举个例子，我曾经迎合着我的某个朋友。后来，我发觉自己之所以会尊敬他，是因为我的价值观扭曲了。一旦察觉自己的扭曲，也察觉到对方的不对劲——他卑鄙地利用我的精神官能症，将我玩弄于股掌之间。于是我开始讨厌自己：“为什么要伪装自己，去迎合那种自私小人?! ”

意识到内心深处的厌恶，就没必要继续跟那个人来往。

然而，即使讨厌对方，仍会念旧。越是在乎朋友的卑鄙之处，内心的厌恶也就越发严重，并且否定自己过去的所作所为。在强烈的厌恶笼罩下，就连念旧之情也连根拔起。因为极端厌恶过去的自己，连带着压抑住对友人的怀念。

因此，再度酝酿出了新的压抑与纠结。即使对方是个讨人厌的家伙，只要经过长时间的相处，就会有相当程度的依恋。然而，这种情感却与强烈的厌恶感势不两立，必须压抑住其中一种。于是，对于友人的依恋会被逼进潜意识，连同着厌恶感，也会完全否定过去那一段。最终，将“过去的自己”排除在“真正的自己”之外。

人类的心理成长过程，必须不断接纳遭到排除的自我。唯有走过这段，才能抵达终点。解决一种矛盾后，另一种矛盾便会产生。但需解决新增的矛盾，心理才能成长。第一个矛盾越是激烈，第二个矛盾就更加难以摧毁。解决这些问题必须花上不少时间，想成长可不是容易的事。

一般而言，当母亲有精神官能症倾向，**孩子会把小时候得到母亲认同的自己视为“好的自己”，而母亲不中意的部分则当作“坏的自己”。**孩子会排除“坏的自己”，于是内心有了纠结。当孩子发现内心的压抑之后，便把压抑前的自己当作“伪装的自己”，而最后“伪装的我”与“真正的我”则纠缠不清。

纵使压抑，自己也活得下去，说不定这的确是伪装真实自己的生存方法。可是，为了生存的必要而压抑、必须伪装、依赖性强的自己确实存在，断然地否定这些，才是大错特错。

夫妻失和导致孩子精神扭曲

人不但会压抑恨意，也会压抑爱意。让我们思考看看以下这个案例。

父母感情失和，但父亲与女儿的感情却很好。女儿为了维持与父亲的关系，选择跟父亲站在同一阵线，而压抑自己对母亲的情感。

当双亲感情不睦时，家族成员中就会产生某些压抑。如果是父子结盟，那么儿子就会压抑对母亲的爱；而若是母女联盟，女儿就会压抑对父亲的爱。

为了跟父母的某一方维持关系，于是禁止自己拥有某些感情。**但逼迫自己抛弃这些情感，并不表示情感就不存在，**

只是从意识层面放逐到潜意识。

亲子关系因此变得更加复杂，难以厘清。如同前述，压抑爱意是为了跟父母其中一方维持关系。要跟母亲维持关系，就得压抑对父亲的爱。母亲的存在等于是妨碍自己去爱父亲。结果，孩子对母亲产生了敌意与憎恨。

这样的敌对与憎恨，会成为孩子与母亲之间的障碍，于是又被刻意压抑下来。换句话说，表面上看似支持母亲这方，内心却压抑着对父亲的爱以及对母亲的憎恨。外观坚不可摧的亲子同盟，其中的情感牵扯可没这么单纯。

双亲失和却勉强生活在同一个屋檐下，这种状况让每个家庭成员的内心开始扭曲。孩子在失和的父母身边长大，不少人就变成所谓“长不大的彼得·潘”，这是容易理解的。

前面提到亲子关系的扭曲，既然父母中的一方可以跟某个孩子联手，当然在孩子们之间也会造成问题。血浓于水的手足之情以及后来萌生的敌意与憎恨，都会被迫压抑下来。

家人之间的爱恨情仇交缠纠葛，极端复杂。如果想顺从自己天生流露的情感，维持自己在家族中占有的地位，恐怕变得岌岌可危。

玩乐不足酿成问题儿童

有不少人即便后来长大成人，依旧压抑着玩乐的愿望。接着，我们就来看看，有关“压抑玩乐”所带来的影响。

在讨论“拒绝上学的孩童”时，人们经常提及这些孩子缺乏玩乐。孩子最应该做的本分就是“开心玩乐”，但有些孩子却无法得到满足，反而成了问题儿童。因此，一般认为，强迫拒绝上学的孩童到学校，只会造成反效果，让他们拒绝上学的症状更为严重。也就是说，当孩子陷入拒绝上学的状况时，让他们自然而然地玩乐，将更早治愈。

听到这种说法，或许有人会问：让孩子充分玩乐与拒绝上学有什么关联？其实最重要的，是游戏本身的含义。在父母眼中，孩子看似在“玩耍”，但他们并没有在“玩乐”。

孩子玩耍若是为了取悦父母，那根本不算真正的玩乐，而是给父母上了一道心理的护身符。有很多父母好像放任孩子在身边玩耍，实际上却是孩子在守护父母。假如孩子爬树是为了看到父母的笑脸，这根本称不上是玩乐！

孩子老是揣想着：爬树比较能取悦父母呢，还是乖乖待在家玩扑克牌才能获得称赞？这样一来，无论孩子们玩什么、做什么，都不算是玩乐。如果孩子察觉到父母想带自己去公园，于是开口要求，这样也不算是玩乐。

这些人在儿童时期没有享受到充分玩耍，所以朝大人之路迈进时，心理成长就会出现障碍。这种状况下，要达成心理成长所需的玩乐，就必须是真真正正的玩乐。

很多大人以为自己小时候玩够了，但却没有体验到心智情绪成熟所需的实质玩乐。

游戏玩到忘我，必须热衷到这种程度，才称得上是真正的玩乐，促进心灵成长。大家应该经常看到，小孩子如果玩得不够过瘾，就会露出不服气的表情。孩子们能够感觉到玩乐不足时的不满足感，可成人却无法理解自己内心的不满足感从何而来。大人们并没有发现，自己只是玩得不够罢了。

于是，他们拼命找些看似有理的说法来解释不满的情绪。心情总是恶劣的人，就从他人的态度里挑毛病、找原因。即使谈个恋爱，也觉得情人处处都在束缚自己。他们把坏心情都归咎于他人的态度，然而真正的根源可能是他们小时候玩得不够过瘾。这种人内心深处仍怀着想继续玩要的心情，但因为已经老大不小了，所以既开不了口，也不愿意识到这点。

第 6 章

/

自我消灭与爱情渴求

深藏心底的真正动机

有一类人对任何人都服从到事事言听计从的地步。这种极端的百依百顺，其实容易引发反动，造成憎恨。有些人潜意识里怀着的憎恨如熊熊烈焰，却压抑住这样激烈的情感，屈从对方。另外，也有人克制住内心的敌意与支配欲，顺从他人。

人类的表面或许看似顺服，心底却可能有着满满的敌意。即使他们是外表体面、似乎很了不起的人物，却因为这点而受挫。问题就出在，他们隐藏了自己真正的动机，为了获得他人称赞，而不断违背自己的本意，最后会失败也是可想而知的。

有些人全心投入工作，真正的动机可能是为了逃避面对“自己不值得人爱”的悲惨情感，“工作中毒”实则是为了防御自身的不安感。

提到这个，让我想起过去曾经担任由伊藤洋华堂主办的高中生作文比赛的评审，某年获得金奖的作品，内容就跟“防卫”有关。作品篇幅有点儿长，节录引用如下。

有一句话让从小听到大的我感到厌烦。一般人来看，那会是赞美，但对我而言，却令我心情沉重。例如：被人夸奖长得漂亮，大概不会有人感到心情会不好；被人称赞温柔，每个人或许表面上都会表示谦虚，而内心窃喜吧！然而，每次我听到这句话，无力感就顿时涌上心头——

“你真是和蔼可亲啊！”自小学以来，这句赞美就令我感到浑身无力。当时的我，没有糟糕到令人耻笑，却也没有淘气到惹人生气，是个毫无特点的孩子。朋友经常说我个性温和，感觉让人很放心。但是，我这个当事人却一点儿都不觉得心安，反而总是战战兢兢的。我非常在意他人的眼光，潜意识里努力避免他人对我感到反感。即使待人态度和蔼是事实，但那也是因为我担忧自己受到伤害。所以这并不是和蔼可亲，也不是性格温和。

无论走到哪儿，都会有人因故遭到排挤。而大部分人会随波逐流，跟着朋友起舞，一起霸凌那名受害者。通常，其他人不会一竿子打翻一船人，去责备那些随波逐流的人。更应该受到责备的，反倒是像我这种人吧！

虽然我不会去指责霸凌者，但也不会伸出援手。说得直白一点儿，我就属于这类装乖的孩子。再加上我摆出的态度具有优势，甚至还会被人称赞温柔。如果这个不叫矛盾，那么这种自我保护的手段又该做何解释？假如这个理由说得通，那么我顶多也只是为了闪避损害、保护自己、不跟对方冲突，然后将来变成真正和蔼的成人。

假如这是真理，那么何谓“成人”？何谓“温柔”？其中的含义将变得含糊不清。如今我的生存方式，恐怕是在体内豢养着一个污秽的大人，或者用谎言捏造出的温柔可亲。我想，世上没有比这更可怕的事了。我比任何人都更憧憬能够成为一个出色又和蔼的大人。但我却如此伪装着自己，是绝对无法得到任何人接纳的。真正的温柔，其实应该是肉眼看不到、双手摸不着，更强而有力的万物根源，不是吗？

如果我无法接纳自己、认同自己，那么今后我的人生恐怕会充斥着焦虑吧？为了朝向未来的梦想展翅高飞，我必须慎重思考这些状况，否则焦虑将无限蔓延，紧紧捆绑着我，在我展翅之前就已经耗尽了力量。

不久，夏天就要进入尾声。最近经常可以看到死蝉的躯壳。每当看到这些死蝉，脑海中就会猛然浮现某句台词，使我胸口揪紧："因为它们总是铆足全力鸣叫。"

蝉的一生很短暂。然而，与其像我这般一辈子只为了保护自己，还不如像蝉一样笨拙，奋力一搏。我真希望自己有一年活着是为了热衷某件事。希望我能放开自己，让心灵能够有一些空间。（穗坂尚子 / 十八岁，山梨县）

大家读了文章就能明白，作者所描述的，就是"自己的和蔼可亲"是一种不安的防卫性格。

然而，受挫者的开朗也与上述情况相同，一样是作为防备不安感的开朗。他们为了逃避自己的无力感，所以更加投注心力在工作上，认真不懈。以浅白的话来说，这种防卫性格所形成的开朗，就是"表面上的阳光性格"。

所谓表面上的阳光性格，目的是为了吸引他人关注，并通过这个方式隐蔽内心的酸楚。

神经质爱情索求者付出的亲切等同于请款单

人们经常会这样评论一个人："他这个人是不错啦，但跟我有点儿不对付。"这类人行事作风还不至于糟糕到被挞伐，却让人不太想跟他相处，大家都尽可能地避免和他扯上关系。他们从事的都是正派工作，绝对不是坏人。不过，只要那个人在场，就让人感觉束手束脚，无法放松。这类人通常都带有"精神官能症倾向的爱情渴求"。

假如被这些人亲切对待，其他人并无法坦率地发自内心地感到快乐。因为，这些人的亲切可说是一种"请款单"。受到他亲切对待的人，仿佛被迫买下一点儿都不想要的东西，还被逼着花了一大笔冤枉钱。所以，即使不知道什么原因，其他人在接受他的亲切时，都感觉不太舒服。

另外，这个对爱情渴求的人使尽全力、掏心掏肺，却得不到对方的感谢。这时，他就会觉得自己遭到残酷的对待。表面上，他看似费尽心力都为了对方，但却在潜意识里向对方索求爱情。

一旦自己付出的一切没有得到对方夸张的响应，就仿佛受到严重的侮辱，内心觉得不安适。当对方没有五体投地、千恩万谢，他就会感到尴尬、不安，甚至觉得自己不被信任。

原本他的企图是要取悦对方，没想到对方不如想象的欢天喜地，没有表达感激之情，他觉得遭到背叛，可明明不满却无法直接表现出来，无法针锋相对。因为，他被“想取悦对方”这样的强迫性情绪支配了，所以无法与其争吵，只能默默等待对方发觉自己的不满。

用上全力帮助对方，对方竟然不怎么开心，这让他觉得羞耻，更变本加厉地索求爱情。对方没有做出自己所渴望的反应，他就会严重受创。然而，对方并没有侮辱他的意思，他却感觉惨遭羞辱，随时随地坐立不安，内心焦虑。

这类人个个性格几乎都依顺服从，对工作热衷，做事一丝不苟。这些表现都是为了让别人喜欢自己。但他们的一丝不苟、顺从听话，是为了之后的某个目的。因此，他们在无意识间索求爱情。

他们采取了社会一般认同的作风，但如果无法获得对方的爱，就会深深觉得受到背叛，遍体鳞伤。想取悦对方，却得不到对方的爱，他们就会为此感到羞耻。

打从一开始，他们就牺牲了自己真实的情感，为了讨对方欢心，处处迎合。而迎合的背后，隐藏着本人也没意识到的爱情索求，那这样的迎合便不纯粹了。

他们看似言行端正，对他人却吹毛求疵，这早已超出单纯想给予人好感，反而是在向他人勒索爱情。

为求他人的喜欢，而牺牲自己以迎合，等于是自我毁灭。偏激到走上自我毁灭之路的人，当他们要找回自我时，对爱情的饥渴岂不会更加激烈吗？**他们内心缺乏安全感，无法信赖自己，因此才需要依靠爱情**。如果没了爱，他们将如行尸走肉，无法活下去。怀着爱情饥渴的人为了得到喜爱，就是这样毁灭了自我，配合着他人，变得更离不开爱情的浇灌。

对他人奉承谄媚的言谈举止背后，也都存在着激烈的精神官能症爱情索求，不单是奉承，因为他也想要同等程度的爱。卡伦·霍妮解释，这就是精神官能症患者索求爱情的手段。其中一个做法就是：**我付出了这些，那么你也应该对我回馈些什么。他们通过帮助对方，潜意识中则期待着对方给予自己想要的回报。**

然而，要是想从对方身上获得爱，最好避免“当牛做马”的方式，否则受辱、遭背叛、被虐待或者缺乏信赖的不快心情，将成为家常便饭。

精神官能症患者对于一些鸡毛蒜皮的小事，也会绞尽脑汁贡献一已之力，甚至大张旗鼓到夸张的程度。他们试图通过“非语言的手段”告诉对方：“我可是替你做了这么多事唷！”但重点不在于他究竟做了些什么，而是他在做这些事情时，潜意识里作祟的爱情索求。

致力于给人好印象，吃力不讨好

每个人都期望能留给别人好印象，但没那么容易，其他人比我们想象的还要观察细致入微。无论表现得再怎么亲切，对方不一定觉得彼此亲近或距离拉近。真正会让人感到亲切的，是一个人的为人与性格。

人品无法刻意操控，自然而然就会流露。然而，人们总要等到有所觉悟，才会放下这件力有未逮的事，在此之前依旧深陷人际烦恼的泥沼，为了留下良好的印象而紧张兮兮，眼观六路、耳听八方地注意周遭的人们。

请试着回想看看，你会对什么样的人有好感？是那种为了让别人喜欢自己而刻意去做了某些努力的人吗？不，绝不是这样。

同样地，想想那些你不太喜欢的人。在这些人面前，你不会为了让他们对你有好感而特地去做些努力吧？

也就是说，只要我们省思自己对他人的感情，就能明白一个道理：**想刻意留给对方好印象，根本没有任何意义。**

不管怎么努力让他人对你留下好印象，全是徒劳无功。这些人完全不懂，与其白费功夫去吹捧他人，还不如把精力用来发展自我，这么做反而对人际关系有加分效果。

别人对自己的印象好坏与否，仅是结果，而非目的。如果本末倒置，念兹在兹都是要让人觉得自己优秀，反而紧张过度，说不定无法充分发挥优点。

有个说法是，越想抓牢手中的鸟，倒让鸟儿更想逃，人际关系也是如此。待人接物缺乏诚实，只是一味希望给人好印象，好比整日暴饮暴食又不运动，却奢望身体健康那样荒谬。

想用一个“非真实的自己”给人留下良好的印象，这个出发点打从一开始就是错误的。将假货当真品来贩卖，是不可行的；餐厅摆盘即使多么登峰造极，但顾客吃了之后，只觉得难以下咽，想生意兴隆根本是痴人说梦！

人之所以想给他人留下好印象，是因为对自己缺乏自信，因此先决条件是：**对于“真正的自己”必须拥有自信。**这些人也许是想通过别人的好评来获得自信，但却搞错了方法。

如果不卖假货，而贩卖真品时也没有哄抬价格，那么自信就会自然产生。市面上需要这种商品的买家要多少有多少，根本没必要伪装。

当人想给他人留下好印象时，通常会装模作样，表现出超乎真实的模样，这就是问题症结。起初错误的根本认知，先入为主地认为真实的自己会被讨厌、遭批评，所以开始了一连串没必要的努力。有些人铆劲工作，生怕被挑毛病，他们经常怀有错觉：赤裸、毫无伪饰的自己会被批评，无法得到赞美。

他们认为，若不认真，就无法得到他人好感，这证明了他们对真实的自己缺乏自信。这种人同时对于自己认真的一面又过度评价，深信只要全心投入工作，就能被人喜爱。从这点来看，更凸显出了他们视野狭隘到惊人的地步。

这种人会要求配偶或身边的人必须尊敬自己，对自己抱持好感。他们自以为，认真这项特质值得被尊敬、认可，太过一意孤行，也无视对方的想法。一旦配偶不按照自己所想的来行动，便勃然大怒。因为，他在心里沾沾自喜地以为：“老子这么勤奋，受到尊敬是天经地义！”

他们虽然行事正派，但却非常啰唆，对身边的人要求一大堆，带有强烈的依赖性。这样的“认真”，其实是期待对方“回报”自己尊敬与好感。

只要得到的结果不如预期，他们就会感到很没意思，内心开始涌现不满：“老子都已经这样卖命了，还有什么好挑剔的?！”被这股不满情绪波及的配偶则会想：“我又没有拜托你要这么认真！”

配偶说不定会嘀咕：“既然你这么一意孤行，就随你高兴吧！”就算这个丈夫的各种成就令人佩服，却是个不好相处、让人不悦的人物。

这种源自防卫性格的“认真”“开朗”“乖顺”，其实都是渴求回报，背后偷偷期待人们称赞自己：“你的开朗令人钦佩”。为了寻求周边人们的关爱、注目，而演出这些特质，但又显得做作不自然。他们在某些事情上显得极端，或者做得过头，本人却自以为是地认为，这样就能投其所好。结果整个偏离，无法博得他人好感，对外的演出便越来越夸张，而面对自己人的脾气则越来越大。对这些人来说，“认真”是他们学会得到他人认同、保护自身所需的特质。

夹在“不准存在”与“给我死命工作”的两难绝境

我曾于前文提到，有种人必须经常贡献自己的力量，否则罪恶感就会上身。当他们发现自己不必有贡献，对他人也有意义，会使他们莫名惊讶，并且存疑：“世上怎么可能会有这种好事?！”

他们认为，自己要是没有做出任何贡献，对他人而言就是麻烦、累赘，因此会当牛做马地卖命。这情况是让人感到很心酸的。他们对自我的存在抱持着疑问，为人舍身是要获得认同，但绝对不快乐。

我们经常可以看到有些人带着沉重的表情拼命工作，这种人或许就是这样看待自己。

葛丁夫妇在著作《再生之旅：用再决定治疗改变一生》（*Changing lives through redecision therapy*）中，提到以下这段："也就是说，当一个人被施加了'不准存在'的禁令，以及'给我死命工作'的命令时，他就会使劲地工作，忽略掉想自杀的冲动，借此救了自己一命。"①

葛丁夫妇表示，一个人针对"不准存在"的禁令所做出的最病态的决定就是："既然这样，我就去死一死。只要我死了，你就会爱我了吧？"对孩子来说，父母老是对自己摆出施恩的脸孔，没事就说："为了养大你，我可是吃了不少苦头！"那孩子大概会想去死吧？

孩子会觉得，既然自己是造成父母痛苦的原因、不幸的根源，就会认为"我最好消失"。这就是所谓"不准存在"的信息。

葛丁夫妇举出一个母亲的案例，她经常对孩子说："要不是因为你们，我早就和你们的爸爸离婚了。"这句话的含意为"是你们造成我的不幸"，但孩子会解读成"我消失比

① 这段话译自该书日文版。

较好”。

人除了会接收这种“禁令”，同时还会收到另一种“命令”：“你必须更努力工作！你必须变得更强大！”这也会逼迫人沦为愁容满面、忧郁罩顶的工作机器。

仔细想想，这实在很不幸。上班族经常将“好忙、我好忙”挂在嘴上，但却带着些许炫耀的味道。其实那是为了强调：“我可不是个没有生产力、缺乏贡献的无用之辈。”

葛丁夫妇说，患者往往更偏向遵从“禁令”，而非“命令”。从心理层面来看，一个人同时接收命令“你必须更努力工作！你必须变得更强大！”以及禁令“你给我消失”，等于跟工作奴隶没什么两样。只见他满脸忧郁地埋首于工作，却缺乏干劲。毕竟奴隶与主人就是不同，两者之间的鸿沟不是光靠努力或贡献就能跨越的。

即使再怎么拼命工作，对团体做出多大的贡献，这个人的心底依旧受到“不准存在”的禁令操控。换言之，他依旧认为，自己的存在并不受欢迎，只不过是因为有贡献，才得到允许，可以留下来。

如同葛丁夫妇所言，这些人通过工作来救自己一命，或许光用“拯救”二字仍无法完全囊括。因为他们根本就成了奴隶，而且很难体会到，自己就算毫无贡献，在对方心中依旧是有价值的；即使没有作为，人生还是有意义的。

戴维·希伯里与弗洛姆（Erich Fromm）、瑞茨曼[1]（Frieda Fromm-Reichmann）指出，**牺牲自我的献身行为，其实是强烈依赖对方的表现**。我认为，这句话相当精辟。这样的行为，只是让心理上比较轻松罢了。或许是他们同时接收到，“不准存在”与“给我死命工作”这两种互相抵触的指令，相形之下，牺牲自我反而轻松多了吧！

希伯里强调，牺牲自我的献身是为了隐藏自己的软弱，其实这也很容易想象。而有些人动不动就把自己摆在被害人的立场，也是同样的手法。最适合拿来实现“不准存在”与“给我死命工作”这两种相互矛盾的指令的手段，就是自我献身或装成被害者。

那些人接收到禁令而“不准存在”，只有露出被害者的表情才能轻松一些。而忧郁症患者无法完全沉浸在他人的善

---

① 美国心理治疗师、心理医师。最著名的是提出“精神分裂原发的母亲”（schizophrenogenic mother）概念。

意之中，从这个角度来看也就理所当然了。

不过，如果在幼年时期，母亲对你说：“只要有你在我身边，我就好开心。”像这样的人就不必装成一副被害者的模样，也无须因为表现出自信满满的样子而觉得过意不去。他们不用装可怜，也能感到安稳平静。

“我最好消失”的自我印象

“过度自责”也是同样的道理。他们的攻击不是面对外人，而是正对自己。恰好自己又是“消失了更好”的存在，所以他们借由自我指责让心里好过一些。

牺牲式的自我贡献、欺瞒式的被害意识、走投无路的自卑或自责，这些心理现象中都有一个共同特点：怀有一种“我最好消失”的自我印象。

“我最好消失”“我的存在会给他人添麻烦”这些自我印象就是引发各种心理状态的罪魁祸首。

举例来说，“难堪、难为情”的心理就是其中一种。

津巴多[1]（Philip Zimbardo）表示，容易觉得难堪的人有个特征：无法向人寻求帮助。他们确实会觉得，就算麻烦别人帮忙的是一桩小事，也会为此裹足不前。不仅包括跟自己有关的事，就连为了他人而去麻烦人，他们也会觉得不妥。原本就有心理疾病的人则会更有顾虑，担忧自己的所作所为增添他人困扰。

患有“对人恐惧症”者，同时害怕自己在他人眼中也是个棘手的存在。他们的症状严重到认为自己的存在对公司、同事不利，于是决定辞职。甚至还有人一天到晚提心吊胆，担心自己的长相或表情令同事感到不舒服。

也就是说，这些人之所以无法拜托他人，就是这种心理状态的延伸。“无法请人帮忙”，就是害怕自己的请托会给对方造成麻烦。这个症状跟“忧郁亲和型人格”有相通之处。这类人总是想着一定要帮助人，不然就会觉得自己似乎造成对方困扰，惶惶不安。

同样地，这也能套用在“因为不安而努力取悦他人”

---

① 美国心理学家、斯坦福大学退休教授，以斯坦福监狱实验和编写大学心理学教材而著称。

者，他们将自己真实的情感武装起来。若不能逗人开心，他们便感到不安，对无聊至极的事也要表现出兴味盎然的模样，还大呼："哇，好开心！"

可是，基于不安来取悦他人，怎么可能会感到开心呢?然而，这个内心充斥着忧烦不安的人，早已丧失了感受开心与快乐的能力。

某些人会对过度执着的人建议："你要找到嗜好啦！"这个忠告或许没错，但并没有什么效果。因为，不安的人并没有能力去享受事物，所以也无法拥有兴趣嗜好，他们根本不觉得那有什么好玩。

打个比方就能明白，当某人独自处在伸手不见五指的黑暗里，惶恐不安，被恐惧笼罩，吓都吓死了，还有什么乐趣可言？要他们体会色彩的斑斓、音色的美妙，根本是天方夜谭!

恐惧与不安剥夺了人们享乐的能力，这个道理不言而喻，在思考人类生存方式时，也必须纳入考虑。

幼年时期遭到拒绝而不安的人，要他们"享受人生"是不可能的，好比逼迫旱鸭子下水游泳，强人所难。

一群人做着同一件事，有人感到快乐，也有人一点儿都不觉得开心；即使身处同一个空间，在同一片天空下、品尝同样的食物，心中安适的人能够感受到快乐，而内心不安者则因为随时随地都要武装自己，所以怎么样都开心不起来。极力防止与别人发生摩擦，也避免增添别人的麻烦，是他们最大的特征。而他们举止彬彬有礼、进退得宜，其实也是为了不想添麻烦。

对自己灰心丧气者眼中的世界

一个人想尽办法要适应周遭环境，总是害怕着是否会给旁人带来麻烦，当然会消耗许多精力。他们对自己的存在充满愧疚，或许从一开始就于无意识中觉得“我最好消失”。忧郁亲和型人格的特征是“无法向人借力”，更精确地来说，就是无法欠人情债。

这很类似基督教义中“原罪”的概念，从这个角度来解释，就能更充分理解他们身上的诸多性格特征，如坚守仁义、无法放心接受他人善意、极度恐惧人际关系中的愧疚感、以他者为中心，等等。

另外，还有一个说法是“自我缺损”，这是更加严重的。所谓“缺损”，前提是有个零，然而他们起初就呈负债状态。忧郁亲和型人格的特征有各种层面，第一是“贱卖自己”；第二是“无法建构充满个性的人际关系”；第三是“行事作风符合世俗却相当弱势，同时无法想象世上有其他类型的价值观”，他们建立的人际关系总带着“功能性”；第四是“一旦不被认同，就瞬间跌入深谷，精神萎靡不振”。上述的特征与“不准存在”禁令可说是密不可分！

他们一旦接收了“不准存在”的禁令，脑子就会变得固执，认为自己如果没有特殊贡献，就无法受到他人喜爱。**他们无法相信，毫无矫饰的自己就足以得到喜爱，能够被接纳。**

由于没有自信，也为了让对方接受自己，便先入为主地认定：“我非做些什么不可。”事实上，就算他们什么也不做，还是有人会接纳他们。但他们却早已经认定——如果我对对方没有贡献，将会令他大失所望。

他们与人相处时，总是感到自卑。相处的当下或许愉快，可等到告别后，他们又会擅自解读，认为对方跟自己相处时，一定觉得枯燥无聊。他们完全无法理解对方精神上的满足，并且认定，唯有替对方带来名声、肉体上的满足，对方才会满意。

这样的人无法理解自我存在的价值。正因为他们接收了“不准存在”的禁令，在这种难堪的情况下，要求他们体会自我价值，或许相当困难。

他们唯一能做的，是通过“不准存在”这个禁令来自我察觉“自己对自己失望”的事实。**但他们失望的根源却都是毫无根据、凭空捏造出来的。**必须理解这点，他们才能重新出发。

与自信满满的人相比，这些对自己失望的人，眼中所映照出的世界，真是截然不同。对他们来说，世界充满了威胁，要求他们放松紧绷的神经，只是白费功夫。只有自行孕育出自信，才能自然而然地放松下来。

第7章

/

无私的父母与乖孩子构筑的枷锁

千错万错，都是别人的错！

人们常说，抱持烦恼的人大多以自我为中心。他们以为自己的烦忧是天下一大要事。但这些烦忧说到底只不过是私事，跟其他人根本八竿子打不着。

不过，以自我为中心的人会无法理解，为何他人都一副事不关己的模样，愤愤不平地觉得“老子都这么烦恼了，你们这是什么态度！”于是就更加烦躁。譬如，这种人打算参加旅行团出游，旅行期间他就必须把孩子寄放在老家。出一趟远门或许不太容易，可这并非旅行社主动要求他来参加的。

没想到，他报名参加后却不客气地说：“老子可是历尽千辛万苦，好不容易才报名的耶！”他大费周章才参加旅行团，假设旅程无法如他所愿，就会大发雷霆，认为对方必须为自己的不爽负责。

尽管我们知道这个人为参加旅行而费了一番功夫，但这仅是他个人的问题。然而，这个以自我为中心的人却认定：“我费了这么大的功夫，是很了不得的！”其实，他们根本无法自行处理问题。

老是心怀不满的人，脑袋里缺乏“自己的问题自己处理”这种思考模式。他们标榜着自己有多辛苦，期待能够有特别待遇。如果自己的辛劳没被重视，便满腹牢骚，不断向他人强调自己有多么辛苦，间接地对别人过度要求。

他的牢骚恐怕只会令人觉得“那是你自己的问题，跟我无关”，但以自我为中心者是不会这么想的。而如果要他为了别人而牺牲自己，这种人将会反对到底，还会大骂对方给自己添麻烦，相当愤怒。

明明是自己决定去做某些事，却会摆出一副都是别人拜托他的态度，要是其他人不装出感激他帮忙的模样，他便会暴怒。

接着，他会要求：我付出了这么多，你也应该对我有相应的回报。他们认定的唯一事实，就是“自己吃了这么多苦”，但对方则是什么也没看到。

这类人只把自己替对方做的事情视为了不得的大事，却无法体会对方替自己做的一切。

我曾听过某位旅行社从业者提到，在参加旅行的人里面，经常有这种以自我为中心的客人令工作人员伤透脑筋。他们一味主张自己付了多少钱消费，却将品尝过的美食、住的饭店、搭的飞机等，这趟旅程中的享受给忘得一干二净，也丝毫不考虑旅行社还有人事开销，旅行信息也并非免费就能到手。据说，有些导游忍受不住，便愤而反击：“我可不是你的奴隶！”

但难搞的旅客竟然还是继续发牢骚，说自己为了存这笔旅费有多么辛苦，没完没了地抱怨。

话说回来，旅行社的人又没有把手伸进他怀里抢钱，也没有用绳子把他绑来，逼他参加旅行，一切都是他自行报名的。不过，即使点出了这个事实，也只是火上浇油。导游只好选择忍气吞声到这趟旅行结束。

以自我为中心的人非得把自己所做的一切都归咎于他人身上才甘心。因此，他们老是摆出“自己所做的一切都是为了他人”的姿态，做任何事都无法以“自我责任”为出发点，把一切都当成他人的请托，而自己则勉为其难去实行，否则就什么事也做不了。这种状况就如同一名母亲边做着孩子讨厌的事边不停唠叨：“我这么做都是为了你们好。”

以自我为中心者缺乏自我

有人把这种态度称为“假托对方的表现形式”。根据吉松和哉[①]的论文《精神分裂症患者的自我之考察》（出自《分裂症的精神病理》第四辑，东京大学出版会）所述，假托对方的表现形式即为看似站在对方角度着想，实际上却企图呈现自我意志。

如同前述的旅行团旅客的例子，有些人明明是自己主动参加，却摆出“我是大发慈悲参加你们的团”的态度，相当嚣张。该篇论文也对这种状况进行了如下解读。

---

① 日本精神科医师，医学学者，专攻精神病理学。

患者对对方说“是我替你做的”，也就是把自己当作强者，向身为弱者的对方施恩的表现。

即便施恩给对方，他也不会因此感到幸福，最后依旧以自我为中心，不但被动且怀着强烈的依赖心，碰上任何大好机会也无法获得幸福。因为，只有以自我为中心来行动，才能开始真正变得幸福。

精神分裂症患者甚至在放假的时候也要摆出一副“老子好心才休假的”架子。这就与母亲想有所求，却通过孩子来提出要求的情况相似。这种类型的母亲对自我价值缺乏自信，也无法从自己身上寻求行动的根据。

这类以自我为中心的被动型人物，并不是毫不在乎对方的态度，相反地，他们是攀附在别人身上过活。他们无法从自己身上寻得生存的意义，便从与他人建立起的各种关系之中来寻求意义。比方说，会借由报复给对方一点儿颜色瞧瞧；或向对方施恩，以得到感谢等。因为无法在自己身上找到生存的凭借，所以无论好坏，都想紧紧抓牢与对方的关系，并且从中寻求活下去的意义。

如此一来，这个人就会过度重视这段关系，重视到极端不自然的程度。由于过于期望在对方心中占有一席之地，结果却迷失了，反而让对方支配自己。

> 越担忧自己的真实模样在对方心中没价值，就越会努力向对方推销自己，推销彼此关系中的价值。（出自前述论文《精神分裂症患者的自我之考察》）

如此一来，生命就不再是“为自己而活”，而是“活在与对方的关系”中。

一个人对自我价值越缺乏自信，就会越重视与对方的关系。他们越来越在乎自己在对方心目中的形象，例如，他们会想“自己在对方心中居然是这种印象，真是不开心”，而生活目标因此变成了“我绝对要让对方刮目相看”。

他们的生活目标不是“以己之力努力拓展可能性”，而是锁定在“绝不让对方察觉到自身的软弱”。自我基础脆弱的人，只能通过“与对方扯上关系”来过日子。当“自己在对方心中的意义”取代了“自我价值”，就会使得这些人不得不与对方继续维持关系。

而对自我价值拥有自信者，不管对方怎么想，也绝不会动摇自己的生存目标。可是，缺乏自信的人却会把他人眼中的自己当作自我的价值。比起“变得幸福”，他们更重视“看起来幸福”。也就是说，以自我为中心者内心缺乏依靠与归属。**所谓“以自我为中心”，其实就是“缺乏自我”。**

话说回来，“以自我为中心”一词本身就有问题。人们提到自我中心时，所指的“自己”其实指的应该是“依赖心”。换言之，不应该称为“以自我为中心”，或许该改成“以依赖心为中心”。

这种人对旁人凡事都有过多的要求，即使态度咄咄逼人，但同时又带着些许怯懦。他们一方面有过度的依赖性要求，另一方面又抱持顾虑。

他们试图让自己在对方心中更具意义，所以无法毫无顾忌地自我主张，总是小心翼翼，揣测对方想法，老是战战兢兢、提心吊胆，或者急切地想让对方认同自己，于是使出死缠烂打的手段，摆出一副大发慈悲、豪爽施恩的脸孔。

虽然提心吊胆，却又缠着不放。当对方的反应不如预期，他们便觉得受创，心情也变得恶劣。然而，这时对他们来说，对方对于他们的看法已经取代了其自我价值，因此再怎么感到不舒服，也无法干脆地向对方道别。

对对方怀有愤怒，却又紧紧抓着彼此的关系。明明觉得对方的态度使自己不爽，但为了要让对方认同自己，纵使被伤害得遍体鳞伤，也不愿意离开。

这种人还有一点，就是嫉妒心强烈。他们无法感受到自我价值，也**由于将自我价值树立于人际关系上，因此对他人的看法总是在意得不得了。**他们抓住与他人之间的关系不放，借以感受自我存在。用另一个说法来说，就是无法确立“自我认定”。

“必须得到他人需要的人”

这种人就是人们常说的，“必须得到他人需要的人”。

“必须得到他人需要的人”会纠缠着对方不放，并对自我价值缺乏自信，最典型的便是采取“假托对方”来表现。

当“必须得到他人需要的人”被他人需要时，就会鞠躬尽瘁，借此束缚对方。他们其实不明白自己究竟想做什么。相反地，那些知道自己要做什么的人被人们需要时，就能确切发挥自身的能力。

这类人的任何贡献、当牛做马的举动，都不是站在对方的立场着想。他们要确认自我存在，只能通过“他人需要自己”，或者“对方委托自己做事”。因此，无论做什么事，他们都采取“对方委托”的形式。即使对方认为“我可没拜托你”，这类人却会擅自摆出施恩的态度来逼迫对方。

或许他们在幼年时期缺乏父母疼爱。所谓的疼爱，就是“确认对方的存在”。父母疼爱孩子，就是爸妈确认孩子的存在。成长过程中曾经被爱的人，就能够自行感受到自我存在。

然而，如果孩子的父母是“必须得到他人需要的人”，孩子反而会沦为“确认父母存在”的道具。因为父母本身就“缺乏自我”，这样的父母将无法疼爱孩子。

孩子被父母这样养大，将来也会和父母一样。长大成人后，他们会因为自己“不被需要”而深感惶恐，所以时时刻刻都想通过他人来确认自我存在。这在心理成熟的人眼中，就是“死缠烂打又喋喋不休的人”。

他们相当聒噪，但独自一人时就会满怀不安，因此只好不断对他人提醒自己的存在感：“我在这里哦！”光是凸显自我的存在还不够，甚至要求对方必须有响应。

事情做到这种程度，难怪旁人会觉得这家伙很啰唆。这种人拼命对他人突显自我存在，要是无法获得预期的响应，就会不断纠缠，直到获得满意的结果。所以在周围的人眼里，这种人相当难缠。

去纠缠别人并不会感到开心，但内心实在太过空虚、缺乏依靠，使他们心情郁闷。所以，如果不去缠着某人，他们将难以承受自己的情绪，也会不安到不知所措。

“乖孩子”罹患“母爱缺乏症”

认同对方的存在，也就是给予对方安抚。安抚，就是一种带有认同对方存在意义的行为。《强者的诞生》（*Born To Win*）这本沟通分析的著作中，介绍了有关“安抚”这件事。

安抚能够通过身体接触，也能经由话语或态度来给予对方。**倾听对方，也可说是一种安抚。**

母亲聆听孩子说话，就是她给予年幼孩子的安抚行为。但当母亲属于“必须得到他人需要的人”，就无法给予孩子充分的安抚。这名母亲只会把自己认定的“自我中心式的爱情”施加在孩子身上。她满脑子急于把自认的爱情形式施加在孩子身上，根本没有多余的心思去倾听孩子的话语。想从孩子身上索求安抚的母亲并不少，结果孩子被改造成了“安抚母亲的小孩”。

“乖孩子”可说是“安抚父母的小孩”。套用《强者的诞生》的内容来说，乖孩子们都罹患了“母爱缺乏症”，用身体来比喻则是营养失调。

这类罹患“母爱缺乏症”的孩子日后将成为心灵容易受创、难缠又唠叨的大人。由于他们将自己与对方联结在一起，随着对方的态度改变，就会致使他们顿时失去依靠。

为了逃避这些不安感，乖孩子们究竟扛下了多少的重担？他们永无止境地拼命逃避，直到整个人消耗殆尽。

我们经常在电视上看到非洲野生动物，当狮子追逐小鹿时，在后头紧追不舍，直到小鹿筋疲力尽、双腿发软，最后惨遭捕获，落入狮口。

看到这样的画面，我经常会联想到“乖孩子”与“不安感”的关系。乖孩子努力想逃离不安感的掌控，使尽全身的气力逃跑，在倒下前都一直在逃。但不管他如何逃窜，也无法逃离不安感的手掌心。结果还是被抓到，且被吞食入肚。忧郁症就是这么来的，也可说是“燃烧殆尽症候群”吧。

“无私父母”的利己主义

我父亲就像前述的人们一样，无法光明磊落地将自己的愿望说出口。无论大小事，他会采取的固定模式是：“一切都是受到对方请托，所以我来帮他做。”父亲总是把自己的愿望粉饰成别人的愿望，转一个大弯来实现。

像是父亲对家人老是处处要求、吹毛求疵。对身为孩子的我们来说，这个家实在令人快要窒息。在前面的篇幅中，我曾提过，每逢暑假，父亲就想带着全家一起去海边，但他绝对不会说是他自己想去。

他会摆出架子：“虽然我不想去，不过既然孩子这么想去，那我就勉为其难带他们去吧！”通过这样迂回的形式，来达成自己想去海边的愿望。只要他所期待的旅行不如预期，怒气便会一发不可收拾，朝家人破口大骂："再也不带你们出去玩了！"

在我幼小的心灵中，完全不想去这种令人感到难受的家庭旅行。不仅不想去，而且打心底厌恶。不过为了平息父亲的怒火，我只好硬着头皮走到父亲身边，向绷着一张脸、气到都不说话的父亲低头请求："爸爸，请带我去海边嘛！"

很长一段日子，我很难忘记那种夹杂了屈辱、失望、憎恨、恐怖、绝望、自暴自弃等无法形容的复杂情感。从小学到中学，长年都尝着这般苦涩的滋味过日子。

到头来，"父亲想做，但我不想做的事"都推到我身上，我还必须不断做出开心快乐的模样，事后更得向父亲表达感谢之意。对一名少年来说，这煎熬犹如身处地狱。想到我曾罹患精神官能症，但最终仍能治好，便觉得真是不简单。

前述的论文针对精神分裂症患者做了以下的定义：精神分裂症患者"缺乏对自我价值的期待，只能抓住与他人的关系，勉强地主张自我存在"。

这种状况不单出现在精神分裂症患者身上，"必须得到他人需要的人”也有相同状况。这种人一旦握有权势，就会让处于他下风的弱势者难以忍受、哀声连连。

他们对弱者的影响，象征着问题的严重性。这些寻求安抚的人，却误以为自己怀抱着献身般的爱，这才是问题症结所在。他们自认“无私”“牺牲自我”并且对此深信不疑。

弗洛姆在《自我的追寻》（*Man for Himself*）一书中提过这个问题。他表示，“无私的父母”对孩子造成的影响，几乎跟“自私自利的父母”不相上下，甚至更为恶劣。这是为什么呢？因为这些父母还让孩子背负了“绝不能让父母失望的义务”。

弗洛姆说，这类人“无私”的背后，潜藏着经过巧妙隐藏的激烈的“自我中心癖”。然而，诚如我多次强调，最大的问题就出在本人根本没发现内心强烈的“以自我为中心”性格。

他们表面上看似无私，其实不断地榨取他人。而清楚意识到自己榨取他人者则罪减一等。可更糟糕的是，那些深信自己无私的父母，其榨取行为难以饶恕。他们一边专横地榨取，一边要求对方感谢，行径夸张得令人难以置信。

弗洛姆在前述著作中提到，这种自认无私的人不断夸耀“我自己没有任何欲望”“我活着的意义就是为了帮助他人”，或者三番五次地强调把自己放在次要地位。这种“无私”的人如此坚信不疑同样是大问题。

事实上，他们的所作所为是在榨取，但自认为毫无私心，这才是更让人难以原谅的。

拥有这样“无私”父母的小孩，只能当个“乖孩子”度过地狱般的一生。我父亲嘴边老是挂着这些话：“像老子这么好的老爸，全世界找不到第二个了！”他说这句话的理由是“老子完全不在乎自己的事，都为了你们而活”。然而，只要有一些不顺遂，他就会立刻抓狂：“我到底要怎么做才对?！”

身为孩子的我，只能把父亲那以自我为中心又充满榨取之意的愿望，当成自己的期望，央求父亲替我实现。这时，父亲又会高高在上，摆出施舍的姿态：“虽然老子不太愿意，不过既然你这么想要，那我就勉为其难替你做吧！”

读者如果很难理解这种“无私”，或许想象一下古时候小妾的处境就能明白。就算是近现代的日本明治时代

（1868—1912），当时的大男人对妻妾摆出的态度为“是老子在圈养她们”。的确，他们满足妻妾各种物质上的需求，但出发点绝不是为了女性的幸福。无偿的劳动或爱情，这些给予都有个基本的前提——认同“圈养”。

这些女子的幸福不同于独立自主的女性所拥有的。就算称得上是幸福，也只不过是“圈养在栅栏里的幸福”。不管男性替栅栏里的女子做了什么，本质上都是在榨取这名女子，践踏她的幸福。

将上述套用在亲子关系上，其前提也是凡是顺服于父母的孩子。孩子们从发言、行动到思考模式、心理状态，都臣服于父母的支配。

这种“无私”的父母在心理层面牢牢束缚着孩子，而在这样的家庭里，情感被一分为二：“容许抱持的感情”与“不允许存在的感情”，两者泾渭分明，区别得非常清楚。

举例来说，他们的孩子禁止抱持着“我好不幸”这类情感。

这种父母只有在孩子感激自己时，听到孩子说“我好幸福，谢谢爸爸”时，才会觉得自己活着。而这些孩子最大的义务就是“对父母感恩”。因为“无私”的父母是通过孩子的感恩，才真切地感受到自己活在这世上。

即使孩子嘴上说着“我好幸福”，但他们其实是不幸的。所以，这种孩子的行动与感情都极为不自然。比如说，不自然的活泼与开朗、过分固执的认真、刻意戏谑的态度、表现夸张且装腔作势、唯恐天下不知的哭天抢地，种种怪异举动都出现在这种类型的孩子身上。

忽视他人期待，一味吸引关注

对患“母爱缺乏症”的孩子而言，长大成人之后也总是无时无刻不在寻求安抚。即使只是谈谈话，也要从谈话内容找寻安抚；在公司上班，就要在工作里找寻安抚；若是待在家里，就要在家中寻求安抚，一旦家庭气氛缺发安抚的来源，就会坐立不安。

跟这类缺乏爱的人来往相处，大多数的人会忍不住哀号。这些人在成人间的互动中需索无度，让一般人应接不暇，难以承受。

前面引用的论文《精神分裂症患者的自我之考察》中，提到一则关于精神分裂症患者的言行让人难以预料的夸张的故事。

为了将来能够出院回归社会，精神分裂症患者会在医院外从事工作。某一家雇用精神分裂症患者的公司，原本不打算让这群患者参加年会，但后来考虑到患者的期待，于是改变主意开放让他们出席。

当时，公司跟患者们约法三章：你们可以参加年会，不过今后上班都不能缺席。

没想到，年会的隔天，全体患者居然都翘班缺席，可以料想公司负责人为此勃然大怒。然而，患者的借口却令人傻眼："因为我不想给公司造成麻烦，所以就休假了。"甚至还说："只不过缺个席，有这么严重吗？"

相信大家在日常生活中，经常会碰到这种老是轻描淡写，不把事情当一回事的人。其实，这些人心底非常明白事情的严重性，却不愿意去承认。因为，只要认同事情的重要性，就等于是承认自己的过失难以原谅。他们害怕去承认，或许只能故意装傻吧。

一旦认同事关重大，也等于承认自己无法响应对方的期待，这令他们感到恐惧。虽然他们口头上逃避、个性别扭，但内心最渴望自己的表现能符合对方的期待。因此，他们只好“假装”没发觉对方的期待。

以这个案例来说，对方的期待就是“不能缺席”这个约定。即使彼此说好了，却还是缺席，他们心底很明白事情不妙，也因为自己无法响应对方的期待而痛苦不堪。

他们希望能够逃避痛苦，所以意识层面上不愿承认自己辜负了对方。然而，即便只是好好地承认事实，都令他们苦不堪言。他们想从对方的指责中保护自己，所以主张“自己并非不能，而是不作为”。不过，这种自我保护的方式太过一意孤行，反而更激怒了对方。

这类人采取迂回的表达方式，光守护自己就已筋疲力尽，根本没有余力考虑对方的感受。

也就是说，他们故意无视对方的期待。以沟通方式来说，属于所谓的“选择性忽视”。他们存心忽视对方的期待，其实是因为，比起普通人，他们觉得对方的期待，意义是重大的。他们天真地以为，只要刻意忽略对方的期待，或许就能继续维持住对方的好感。

矛盾心态

这种人的特征是，完全以自我为中心来理解周遭事物，却丝毫无法想象自己的一言一行对方会如何解读。他们只想急着告诉对方："自己并没有拒绝响应期待。"除此之外无法顾及其他事情。

极端的以自我为中心，等于"心中不存有他人"。如果他们有办法回绝他人期望，就不会刻意装傻，或是面对对方显而易见的意思时，转头逃避，甚至故意视若无睹。当他们无法响应对方期待，就会要些小手段保护自己。

他们刻意忽视对方发火的原因，还义正词严地反驳："这有什么好生气的！"让对方极度不悦。会说出这种话的人，仅想到要保护自己，天真无知只能耍赖。甚至可以说，他们的内心冷漠，轻视了对方。明明如此看重对方的期待，却摆出这样的态度。然而，当他们自己受创时，那可是惊天动地的大事！可当对方受伤时，他们却置身事外，淡漠得令人惊讶。

于是，他们频频出现类似这样的反驳：“这种小事有必要看得这么重吗？”或者“你有必要发这么大的火吗？”他们害怕自己的态度惹怒对方，但看到对方发怒时，却又窃喜。这种人对周遭的人事物怀着“矛盾心态”（ambivalence）——虽然认为周遭人们的期待很重要，可是另一方面又对旁人怀有敌意。

由于他们对周遭人们抱有敌意，一旦别人烦躁不安，他们就觉得心情畅快，这种快感仿佛自己对他们进行了报复。这种人企图逃离对方，内心有着敌意，但同时也将对方的期待看得很重，于是就被自己的矛盾情绪弄得苦不堪言。

这类人自然会被讨厌，没人喜欢跟这样的人相处，因此他们总是孤身一人。在人际关系方面遇难题者，可反省一下自己内心是否有这样的“矛盾心态”。

言谈举止无法坦率，内心某个角落就有矛盾心态在作祟。既然跟他人来往不开心，离开不就得了？但他们却无法脱离。也就是说，他们与他人“纠缠不清”。在旁人眼里，既然已是牢骚满腹，“离开”便是一条路。可是，他本人却怎么也无法抽离。他们内心虽然对人怀有敌意，但少了对方的善意就活不下去，所以自相矛盾且难以自拔。归根结底，是因为其心理不够成熟，所以无论他们如何想办法亲近对方，永远都无法得到心理上的安定。

不愿被束缚，又离不开父母

他们之所以心情恶劣，或许也是源自这种心理。对方的存在攸关生存大事，却又怨恨对方。譬如，无力离开父母自立的高中生，就是很典型的例子。这些青少年对父母的束缚感到不悦且充满敌意，即使心理上努力要自立，但缺乏父母的支持，青少年的自立心又无以为继。

如果不继续相处，就少了心理支撑，但又不想跟对方在一起；想离家自立，心理上却又依赖。青少年在家里总是叛逆唱反调，搞得乌烟瘴气的原因就是如此吧。

纵使父母没有刻意束缚孩子，孩子却感觉被管束，这是因为孩子缺乏主动性。如果孩子拥有一对情绪成熟的父母，他们在家里脾气不会这么大。因为这些孩子拥有更多主动性，比起情绪不成熟的父母养大的孩子更具行动力。

同时，缺乏主动性的人会因为对方的存在而觉得有压迫感，于是不禁想摆脱压迫感，但在心理上却依赖着对方，以致终究无法逃离。这种进退两难的困境使他们郁郁寡欢。这类容易受伤的人，一生恐怕都很难开心地度过。

假设对方束缚了自己，那么错就在对方，干脆换一个人相处不就行了？不过，对方实际上并没有任何束缚行为，而是他个人擅自解读，单方面地感受到束缚，与对方一点儿关系都没有。如果这只是换人就能解决的问题，这个人根本不会如此不爽快。换个更极端或更简洁的说法，就是**他们单方面地寻求束缚，同时又憎恨着束缚。**

他们的心理需要某个能够支撑心灵的人，但没想到最后那个人却变成束缚自己、压迫心理的对象。然而，这并非对方刻意使然，而是他们本身的感受，与对方的心思毫无干系。

这种人待在家里时，心情老是很恶劣，想离家却又办不到。这正是自我脆弱的表现，也就是未能确立自我。

想与对方相处时，保持心情愉悦，那么维持适当的距离则为上策。不过，自我脆弱的人无法保持这样的距离，总是黏着对方，形影不离。也由于整天在对方身旁打转，便开始觉得受束缚、受压迫。

如果只是个孩子，想黏着大人获得满足那还能让人接受。但到了一定的年纪，他们同时也会希望能够自律。只是，他们心理的强度却不足以实现自律的目标，因为幼年时期跟父母的不和谐的关系依旧挥之不去。

我们在幼年时期需要得到父母紧密相连的爱，需要父母理解自己的心情，也需要有人倾听自己的心声，将注意力放在自己身上。不过，有些父母完全不给予孩子关爱，而是单方面地把个人情感强硬地施加在小孩身上。

这些孩子对父母有敌意，但并不表示他们不需要父母的爱。他们在自己怀恨在心的父母身上寻求爱情，这复杂的关系，令他们开始压抑自己，对父母的情感也有矛盾。经过这些煎熬，孩子无法让父母走入他们的心。

在这种状态下，孩子的自我成长才刚起步，就遇到最严重的障碍。也就是从今以后，他们所遇到的每个人都无法进入其内心世界里。

我们唯有扎根于这个世界，才能够无须独占某个人而仍拥有安全感。一旦父母心理不够安定，就想独占小孩。在这种环境下长大的孩子，成人后就想独占恋人，独占交往对象的一切。

不过，即使占有对方，并不表示内心就此得到安宁。孤独与对爱情的渴求只会愈演愈烈，使他们越陷越深。

第8章

/

追寻自我确立

“不安的鞭子”驱使孩子乖乖念书

忍受困难的能力、与困难对战的力量，都是心理成长、自我确立的特征之一。而忧郁症患者在测试自己的力量之前就认为“自己绝对办不到”，直接举白旗投降。

“沉溺”一词，用来形容某人沉溺于酒精或女色。这种状态下，自我机能无法发挥作用，由“本我”（id）[①]或冲动支配人格。**一个缺乏父性的家庭，培养不出孩子的忍耐力。**

“冷漠”（Apathy，表示精神分裂症患者意志消沉的词语）也是造成人们缺乏与困难对抗的因素。

---

① “本我”“自我”与“超我”由弗洛伊德所提出，为精神的三大部分。

不安驱动着“乖孩子”，只要“不安”这个动力消失，就会使他们不想继续努力。他们表现出来的朝气蓬勃，仅是不安的呈现罢了。

由于不安而不懈努力，拼命消耗精力，燃烧殆尽后，残留下来的只有不成熟的情绪、任性、以自我为中心、缺乏忍耐力，以及有气无力。

即使这些人外表看似很乖，实际的模样却跟上述没什么差别。他们的忍耐力不如一般的孩子，也缺乏精力，而且比一般的孩子更加感到不安。

扮演乖孩子的时候也好，心神耗竭后也罢，他们内在的冷漠是一成不变的。就看驱动他内在的是“冷漠”还是“不安”比较强烈。

当他们扮演乖孩子的时候，满脑子只想取悦父母，完全没有自己，但他们原原本本就是冷漠者。

对工作认真充满热情这样的“过度适应的病前性格”，气力并非自然涌现，而是不安所导致的，其中的本质便是冷漠。光这点已经足以令他们备受煎熬。他总是不断鞭策自己：要努力工作，要认真念书。

如果一个人原本就拥有力气跟兴趣，全心投入工作或读书时，是不会觉得痛苦的。但这些人既缺乏自然产生的精力，也没有嗜好，剩余的是浑身疲弱。但就算是这样，他们仍勉励自己要加倍努力工作、念书，比其他人还更认真。

对本人来说，内在的不安就像一条鞭子般打在身上，带给肉体无限痛苦。这条名为“不安”的鞭子，是带给心灵无限折磨的源头。曾听人说过，过去有部分大学的登山社，每当社员登山健行时累倒了，无法继续前进时，他们就会挥起鞭子，强迫社员继续往前走。而心理上无能为力者，则是被“不安”这条鞭子不停抽打，促使他使劲工作、死命念书。

关怀与温柔的背后，都有着不安虎视眈眈

大学的运动类社团曾经发生以锻炼之名酿成新社员丧命的事件。人一旦死亡，再怎么鞭笞也动不了。

冷漠也是同样的道理。被不安之鞭猛力鞭笞，投入工作与读书。但只要到达极限，这条鞭子就不再有功效，即为“冷漠”的挫折现象。

原本缺乏力气、没有同理心者，从一开始就不曾有过温柔或努力。他之所以看似充满精力、显示温柔且具同理心，都是基于不安而戴上了面具。

正因如此，看似带有“病前性格”的过度适应者，有时候会出现极端以自我为中心的言谈举止。以一般社会观感

来说，是几乎无法想象的。这些看似良好适应社会适应良好的人，内在神经质地索求，同时却也意志消沉。表象适应良好，实则是患了精神官能症。

这个人内在所拥有的，顶多只是弗洛伊德称为“本我”的冲动。虽然他看似在社会上适应良好，但其实并没有培养出人性、社会性、自主性与爱情，所拥有的仅是性与暴力的冲动罢了。

当不安无法驱使任务完成，残余的驱动力便是冲动。对社会适应良好的人，在某个时间点遭到挫折，会突然出现极端冲动的行为，仔细想想这是能够理解的。

精神官能症患者其神经质的要求是对“内”的，所以他们面对家人或配偶是极度以自我为中心且任性；而对于外人，则只会表现出消灭自我之后的“过度适应”。

在精神官能症患者身上，我们可以看到“神经质的要求”，以及他们为了让人喜欢自己而牺牲自我的“自我消灭”那一面。他的内心里有着神经质的要求，同时走的路线是由不安而消灭自我的八面玲珑，或者是抛开不安，表现出神经质的要求，而且任性。

“对外良善，对内恶毒”，就是有精神官能症倾向的人们的特征。这时的“内面”，未必是指家里。在乖孩子心目中，“家”其实是“外面”。也就是说，内面之中并无不安存在，而外面则充斥着不安。因此，就有了“在外恣意，对内乖乖牌”的现象。

不过，无论是哪一种都无法培育出真正的人性。所谓人性，既不是精神官能性的索求，也不是牺牲内在需求的过度适应，而是主动性、积极性、爱情、自主性等特质。如果可以不牺牲自我内在而得到成长，自然就能具备上述这些人性应有的内涵。

“真实面貌的自己”遭拒所引发的自卑感

有些人在幸运星底下出生，在情绪成熟的大人围绕下茁壮成长，当他们长大成人后，便具有同理心、温情和强韧的精神。就算经济拮据、生活困顿，但只要有情绪成熟的父母陪伴，他们在获得淳良人性方面就是得天独厚的。这些人不会出现神经质的索求，也不会有严重到消灭自我的过度适应等精神分裂的现象。他们的内在已经统合了，不会有内外矛盾的言谈举止。

精神官能症患者通常在一群情绪不成熟的人围绕下成长，所以在人性这门功课上触礁。他们性格冷淡、意志消沉，甚至对“活着”一点儿兴趣都没有。即使生于名门望族，若是父母的情绪不成熟，很遗憾，仍旧无法获得美好的人性特质。或许，只能等到他们长大离家，并且遇上一个拥有丰裕的爱的人一同生活，才有机会学到这些吧。

想借由他人的认同来获得自信，无论时间过多久，对方如何认同，本人都无法拥有自信。到头来，就会为了得到认同而依附在他人身上，但即便他人怎么赞誉有加，也无法成为真正的自信心来支撑一辈子。

自卑的人容易过度美化他人，对不必要评论的人给予赞美，却不夸奖该受到赞美的人。自卑感强烈的人因为恐惧他者，导致无法掌握别人的真实面貌。把不值一提的人误认为是了不起的人物，同时过度意识到自己的欠缺，而对那份欠缺给予过大的好评。原本是不怎么样的事物，他们却把它当作无价之宝。

他们并不是缺少了什么才感到自卑，而是因为自卑才会过度意识到自己的不足，误以为自己所欠缺的是应该具备的本质。

自卑感，同时也是疏离感、孤独感。让他们感到自己跟其他同伴不属于同类，格格不入，并自卑地认定，同伴所为符合规范，但自己做的却不够适切妥当，才会觉得，与同伴相比，自己低人一等。

这种人在幼年时期，往往会为了获得认同而伪装自己，这对他们内心的自卑感有相当大的影响。因为，他们在年幼时，曾遇到过父母拒绝接受不经伪装的自己，于是加深了自卑的程度。其实每个人多多少少都有些自卑感，但严重到妨碍人生的话，恐怕是小时候曾被父母拒绝使然。

倘若父母内心纠结难解，便无法接纳孩子，无法聆听孩子说话，也无法理解孩子所做的每件事。当孩子遭到父母拒绝，自卑感便越来越深。

对小孩而言，最重要的父母居然拒绝了自己，等于是剥夺他们自我本质的价值。其实，**父母的接纳就是对孩子赋予价值。**

父母失望的叹息让孩子沦为奴隶

从某个层面来看，决定一个人会“沦为奴隶”还是“晋升贵族”在于孩子的幼年阶段，这就是心理上的“身份阶级制度”。被否定的人将会沦为奴隶，即使日后他们得到多少认同，都只是奴隶想获得主人的认可罢了。他们努力获得他人认同，就像奴隶想得到主人认可一样。

沦为心理奴隶者怀着强烈自卑感，缺乏自信。而一名奴隶纵使得到认可，仍是个被放逐的社会边缘人，内心有着孤立感。

这种状况的背后，藏着类似狄摩西尼（Demosthenes，古代希腊的雄辩家）的悲剧，不管获得多么高的声誉，最后仍步上自杀一途。小时候如果没有被赋予个人本质的价值，将导致日后付出的所有努力，不过是奴隶所做的努力罢了。

假如人们在小时候，个人价值曾被剥夺，日后即使功成名就，那种认定自己是假货的感觉依旧会挥之不去。美国心理学者约翰·哈维（John Harvey）所说的“假名现象”，指的就是这种心理状态。这类人尽管获得成功，仍缺乏自信。他们对于自身的成功，丝毫感受不到是自己达成的；成绩如何亮眼，他们始终认为自己不配。

父母一声声失望的叹息，会剥夺孩子个人价值。这些父母只关心自己的自卑感，一股脑地只想获得他人尊敬，心理上却没有去理解孩子的渴求，无法倾听孩子的心声，也就是这样，夺去了孩子的价值。

爸妈沉浸在自己的心理纠葛中，无法顾及孩子。就算他们不是刻意要剥夺孩子的价值，但仍导致了如此结果。他们的内心存在着自己无法认同的东西。比方说，怯懦，这个大人其实胆小怕事，却无法承认自身的软弱，压抑着住在心里的胆小鬼。为了消除内心的纠结，就把孩子当成道具，从他们身上找出胆小的特质，并且猛烈抨击。

父母攻击孩子的弱点，目的是要解决他们内心的纠结，绝不是要剥夺孩子的价值。然而，当父母歇斯底里地责难时，便足以夺走孩子的自我价值。

仅得到社会观点上的成功，无法令个人价值得到圆满。不论怎样功成名就，也只是以一名奴隶的身份加入人生胜利组的行列。毕竟，拥有成功的他们，本质上还是个价值被否定者。

升迁忧郁症、搬家忧郁症的机制

人类必须把自己当作依归，才能够真正相信自己，涌出活下去的自信。为了获得活下去的自信，首先必须学会从心理上依靠自己。只要能够相信自己，其他人也才能相信你。

若能拥有自己的人生定位，心理上就能安定。这样就能让自己从延期偿付[①]（moratorium）毕业吧！心境上也能明确区分自己是自己、他人是他人。在心理学上，称作“形塑自我境界”。

① 原为经济学用语“延期偿付”，德裔美籍心理学家爱利克·霍姆伯格·埃里克森（Erik Homburger Erikson）转用心理学上，“延期偿付”表示青少年延迟做出个人生活或职业的选择和承诺。

举例来说，搬家或升迁常是引发忧郁症的契机，因此发病的就被称为“升迁忧郁”或“搬迁忧郁”。那为什么这些事情会导致发病呢？

搬离长年住惯了的地方，或者离开已经驾轻就熟的工作形态，的确会唤起人们内心的不安，但光是这样并不足以说明为何引发忧郁症。

我个人认为，或许是因为环境的变化使这个人的内心机制松动了。也就是说，无论长途旅行、换工作，都会把至今内心构筑起来的防卫机制暴露于危险之中，所以才更为棘手。

我们都会配合四季更迭换上当季衣服，冬天穿夏装会冻僵，而穿礼服遛狗也显得尴尬。那些无法改变内心原有秩序者，就好像只拥有一套衣服，无法配合各种场合打扮出最适当的姿态现身。

依靠特定一种心理防卫机制的人，其自我是不堪一击的。相反地，倘若一个人的自我相当坚定，也就能够相信且依靠自己，等于拥有好几套衣服可以因时制宜。而自我很脆弱的人只拥有一套夏装，碰上各式各样的场合便不知如何应变、自处。

长期旅行、转职、搬迁等，有可能动摇当前的内心机制，心情会觉得沉重。这样的人即使搬到环境更好的地方，仍提不起劲。因为，环境的变化有机会导致至今压抑下来的感情悄悄地在心底蠢蠢欲动。

内心若有压抑，就很难跟他人达成“同一化”，也无法更换另一套衣服。所谓“自我同一化”，是必须体验过各种感动，与值得尊敬的人相遇。拥有许多套衣服，就是体验过各种“自我同一化”的体验。和玩乐的伙伴同一化，就是跟玩伴一起玩耍，度过快乐时光；或者与尊敬的人相遇，得到感动的体验，从他们身上学习何谓人生。

服丧之人犯罪的缘由

罹患忧郁症的人，缺乏这样的深层感动体验。他们直接将各种“危险情感”封闭在心底，并想尽办法砌出一道高墙，应付当下生存所需的内心机制。他们对他们所依赖的人怀着憎恨与怨念，却刻意把这些都抛到九霄云外，不想去意识到其存在。

避免意识到自己要报复的情绪，于是将这些负面情绪封闭在心底。扮演着“乖孩子”过日子，实际上心底甚至暗藏杀意。虽然他们以良善的面貌在社会上获得认同与尊敬，内心却充斥着混浊不堪的恶意旋涡。

由于要能够毫不察觉到自己真实的情感，平静地过日子，他们在心里构筑起坚不可摧的防御机制。之所以会对新事物感到沉重，可能是因为过度执着这套机制吧。

他们以往将对于社会的恶意封闭在心底，所以才会担忧这道屏障会因环境的变化而松动，甚至遭到破坏。他们对心理所依赖的对象，忍不住怀有憎恨。但在心理上却依靠着对方，不得不压抑住自己的攻击性。甚至有不少人无法意识到自身的不满以及针对那个人的愤慨。

他们害怕自己察觉到对社会的恶意，或是对周遭人们的实际情感。而容易引发忧郁症的变动契机，则会促使他们察觉到自己的真心。可是，他们必须仰赖对方而活，要是发觉其实自己恨着对方，失落感将向他们袭来，从此以后便不知道如何活下去。

福岛章在《丧与杀人》(《躁郁症的精神病理》第三辑，弘文堂）这篇论文中，提到关于“服丧期间发生犯罪”的状况。据说举行丧事时，会把压抑在心底的攻击性或性欲推上台面，这是因为丧事并非日常之事，动摇了人的内心机制。

这么说来，丧事不也会把人逼到忧郁症的绝境吗？也就是说，若原本压抑住的攻击性不针对外人，就会反过来朝自己攻击。

容易罹患忧郁症的人，以一道固若金汤的心墙区隔出外界与内境。环境的变化暗藏着摧毁这道墙的可能性。

所谓的丧事，并不限定于某个亲近的亲友过世。**“逝世”的也可以是自己内心的某种印象，或是束缚自己的某件事物**。有些人遭到父母的束缚，也有些人被父母所赋予的概念捆绑。

举例来说，有人被“家庭”这个观念制约，被“家庭是全世界第一优先”的价值观绑得无法动弹。只要有这种束缚存在，他就无法拥有丰沛的活力。

人因独处而自由，但光是这样就令人们对孤独感到畏惧。独处时，就有机会从束缚自己的事物中解放。然而，大多数的状况却是束缚依旧如影随形。

未曾碰触并处理自己真实情感的人，会在漫长人生路上遭遇挫折。内心的纠葛产生压力，有人因此耗尽了全身气力，也有人因为强烈地压抑情绪，使得人际关系老是不顺遂，最后仍是摔了一跤。**处理感情有如消化食物，吃下肚的食物依序经过消化、排泄，内心情感也必须依照年代远近顺次进行处理**。

我们会在年末大扫除，或者从学生身份转换到社会人士时，来个房间大整理。然而，感情未经过处理的人，就像出生以来从没打扫过房间，累积了厚厚一层灰。

支撑老顽固的“规范意识”

忧郁症患者的“规范意识”是过剩的。而所谓的规范意识过剩，就是“把一切赌在认真努力上”。他们不懂变通、棱角分明，内心的欲望与规范完全不协调。由于一板一眼又紧张兮兮，碰到一般人觉得稀松平常的事物，也会累到浑身无力。

这种人对玩乐有罪恶感，老是神经紧绷。如果被认为懒惰，他们会为此感到受伤，于是更加拼命努力，但成效不佳。即使对工作有热忱，却承受着疲倦以及慢性折磨。于是，他们找一连串的借口，再三强调自己并不懒惰，但旁人看来，他们就只是在那儿啰里啰唆罢了。

他们的勤奋是为了博得对方好感，当他们陷入低潮时，想到对方可能认为自己是懒惰虫时，烦忧更甚。他们会以“自己添了麻烦”这样的借口，避免对方讨厌自己。然而，周遭的人想要的并不是他的道歉。在他人眼里，这个人就是个优柔寡断、做事不干脆的家伙。

他们是世间所谓的“模范员工”，但行事拖泥带水，缺乏活力。虽然他们埋首于工作，表现却不如预期。即使拼了命去做，拿得出来的成绩却寥寥可数。原因就出在，他们总是小心翼翼地避免暴露缺点，结果反而过度紧张，导致精力耗竭。

为了避免暴露缺点，于是持续抱持着焦虑与紧张。如此的精神消耗就是导致忧郁症的原因。其实他们根本没做什么了不得的工作，却陷入极度疲惫。从长远的角度来看，不会将大把时间投入工作的人，做出的成果反而更亮眼。

这些“模范员工”畏惧规范，依循着规范意识度日，就因为规范说“人必须工作”。从幼年时期起，他们也是把父母给予的各种规范意识照单全收，毫不修正。他们不是不做坏事，而是无法做坏事。

正因为规范支撑其本身，所以他也更加意识到规范的存在。相对地，心理茁壮成长者能够统合“规范意识”以及“欲望渴求”，并确立自我。因为这些人将自己当作靠山，套用弗洛伊德的话，这个“靠山”就是“自我”。**“确立自我”可使得人们于规范意识与欲望渴求这两者之间，取得良好平衡。**

只能扮演乖孩子过活的孩子们

唯一支撑忧郁症患者的，就是规范。因此，他们害怕违背规范。但相信规范者与理解规范者并不会将规范意识无限上纲。相信规范者与害怕规范者截然不同。

有忧郁症倾向的人害怕规范，将规范意识无限上纲，但不信任规范。他们的心并未能统合，分裂成意识与潜意识，时时感到不安，使得他们优柔寡断。

最要紧的，是拥有规范以外的活下去的支持。若只是紧紧抓着规范不放，永远都只会被不安罩顶，不满也将持续蔓延。如果不做点儿什么事情，他们就会觉得自己一文不值。而原本工作应该会给予他们自信，但竟然带来慢性的精神萎靡。无论如何挣扎、努力，都无法得到预定的成效，最后陷入慢性疲劳。由于在工作上无法做出亮眼的成绩，他们在精神上过度效忠，心理上变本加厉地仰赖着空虚的规范也在所不惜。这样的人迟早会遭受挫折。

受挫的“乖孩子”对于乖孩子以外的生存之道，害怕到没办法活下去。他们并不是接纳“扮演乖孩子”这样的生活方式，而是恐惧令他们扮演下去，勉强自己当个“乖孩子”。

他们在内心不一定也是个乖孩子，可能还隐藏着反社会倾向的情感。遭遇挫折的乖孩子，内在分裂成意识层面上的乖小孩，以及潜意识中的坏小孩。除了获得他们自认重要的人的好感，就不懂得其他生存方式。

遭遇挫折的乖孩子，心灵支柱就是“获得父母的喜爱”。正因如此，他们与父母相处时，就必须压抑自己实际的情感。

前述我也提过，这些人把幼儿时期“内面化”的规范分毫不差地沿用下来。他们在成长过程中会遇到形形色色的人，可是自己的心理却无法成长，没办法在规范与欲望之间取得平衡。结果，小时候心目中最重要的人成了束缚自己的对象。当他急欲响应对方的期待时，却忽视了自己真实的情感。对方虽然不可或缺，但也使他觉得忧烦。

这种孩子面对人生的困境时，仿佛手无寸铁；遇上抢匪，毫无招架之力，也不知道要怎么经营人际关系。要他们与身边的人推心置腹，是相当困难的。由于他们内心缺乏统合，存在着他们毫无察觉的自己，所以既无法与别人亲近，也无法有心灵上的交流。他们潜意识的防御力坚不可摧，对外紧紧闭锁。别说他人了，就连他们自己都无法触及这片领域。

这样的人直到走向生命的终点，都紧闭心扉，对于门的后头到底隐藏些什么都装作一概不知，几乎可说是没有真正地活过。追根究底就是，他这辈子从未与人有过心灵上的交流。

那些封闭在内心深处的东西，恐怕跟他本身的束缚感有关。一旦与别人亲近，他便会开始觉得和对方相处很腻烦。

丹・凯利[1]（Dan Kiley）表示，“彼得・潘型”的人会非常重视新朋友，对于自己原本亲近的人则开始感到烦躁。

当亲近的人变成欲望的妨碍者，沦为渴望自由的绊脚石，可是他们却又因依赖心太强，无法离开好让自己自由。而这种人到底哪里出了问题呢？

---

① 美国心理学家，曾出版著作《彼得·潘综合征：那些长不大的男人》（*The Peter Pan Syndrome: Men Who Have Never Grown Up*）。

没有确立自我，成了“表面高手”

简单用一句话说，就是没有确立自我。“自我”能够掌控感情，联结“超我”与“本我”。以前面的用词来说，就是统合欲望渴求与规范的元素。当“自我”运作顺利、发挥功用，就不会受到“超我”支配，也不会因为遇到冲击就半死半活。但当规范意识不断扩张势力，“超我”便支配了个人。

举个例子，他们除了工作以外就没其他愿望，总是担忧工作是否能够顺利进行。换句话说，就是“没有确立自我”的表现。

由于“自我”不能发挥机能，内在分裂成意识领域中不断扩张势力的“规范意识”，以及潜意识领域中的“反社会欲求”。因此在某些时刻，这些外表认真正经的人也会犯下滔天大罪，像是刚正不阿的警察也会想用金钱俘获美人心，铤而走险，持枪闯入银行抢劫。

对于没有确立自我的人而言，身边的人等于是“规范代理人”，但在潜意识领域里，这些人则成了“束缚者”。当环境变化打破了意识与潜意识之间的障壁，规范与冲动就可能直接发生冲突。在环境变动的状况下，在潜意识里的冲动便会破坏防御，开始蠢蠢欲动。这时，身边的人们也会成为他的障碍，于是这个人的一言一行将惹得旁人不愉快。

我曾读过一篇文章，作者写到关于其父亲的事。作者年轻的时候，曾因为父亲的心情不好而吃了不少苦头，等到自己成家后，某次偶然惊觉：没想到自己对家人居然做出了跟父亲一模一样的举动，让家人受尽同样的苦头。这种案例其实相当常见。

由于从小在情绪不成熟的父母身边长大，这个人的心理也无法获得成长，因此会迁怒于附近的人，例如家人，从这点就足以证明他的自我未能确立。

这种人会对不怎么熟悉的人和颜悦色，对外人怀着防卫心，态度顺从。面对外人时，他们会感到不安与紧张，显意识完全掩盖了潜意识。所谓的乖孩子就是“面善心恶”，但他们却完全没发现，自己内心中有片广阔的领域是他们未曾意识过的。他们与亲近的人相处时，紧张感就会舒缓，区隔意识与潜意识的障壁也变得脆弱。

与亲近的人相处时，他们比较会受到潜意识的影响。而自我是由意识与潜意识领域联结而成的，不管是哪个领域都影响不大。“自我”的功能就类似衣服，好比在隆冬时，只要穿上暖和的贴身衣物跟大衣就能在户外行走。要是敢裸身走出门外，恐怕会感冒，而就算没感冒，也会消耗体力，使人患病。**在某种意义上，所谓的“自我”等于“心灵的衣服”**。

足立博在《躁郁症的精神疗法》(《躁郁症的精神病理》第三辑，弘文堂）这篇论文中，提到一则关于“没有空气的月亮”的故事：

月球表面没有空气，白昼灼热，夜晚则是酷寒地狱。问题不是出在灼热或酷寒，而是因为缺乏大气覆盖。换句话说，躁郁症的问题不在于这个人暴躁或忧郁。我想说的是，这和“是否拥有自我”有关。

缺乏自我的人会遭到规范过度捆绑，或者无法处理内心冲动而引发问题。规范与冲动并非问题，而是自我没发挥出功能。“自我”的功能就像大气般具有保护作用。失去“自我”的人，就如白日灼热、夜晚酷寒的月球吧。他们对自己人残暴蛮横，甚至认为，这些人为自己牺牲是理所当然的。但他们对外人的态度却恰恰相反，不但把自己当作牺牲品，还为此沾沾自喜。

缺乏某物就活不下去的成见

人们经常会有先入为主的想法，以为自己“没了什么”就活不下去。不过，请大家仔细想想，难道真的没了这些，你就没办法活了吗？这不是一厢情愿的成见吗？

这样的想法、成见，背后恐怕还隐藏着“没了某样事物，依旧厚脸皮活着”这种罪恶感。换句话说，就是错误所形成的顽固“超我”。

举例来说，我从小就先入为主地认为：“全世界最棒的地方就是家。如果不重视家庭，就是最大的罪。”道德根源是家庭，所有的正当性皆从家庭产生。家庭是我活着的一切意义之基本，倘若否定家庭就等于否定了神。

我抱持着这样的成见，所以在与家人无关的地方享乐时，罪恶感就会涌现。一旦认定家庭就是一切，就会认定自己无法在家庭以外的地方生存。

恋人之间最常说的一句话是："没有你，我活不下去！"这并非谎言，他们是真的这么认为。不过，说出这种话有几个背景条件，其中一个是，他们可能认为，人生没有恋爱就毫无意义。但就算认为自己少了什么就无法独活，其实只要试试看，说不定仍可以活下去。

孩子独立时会感到罪恶感，是因为他们深信自己没有父母就无法存活，这背后所隐藏的正是对父母的依附。大概就是依赖心作祟，让孩子在离开父母独立生活时，产生了罪恶感吧。

为合理化依赖心，他们有时候会高唱伦理——"百善孝为先"，而只要破坏这个规则，罪恶感就会出现。

同样的道理，当一个人认为自己活着必须依赖某样东西，心中便会存在依赖感与罪恶感。依赖心会通过各种形式束缚人类，并在意想不到之处妨碍原本应该多彩多姿的生活。

依赖心或许也存在于羞耻的基础上，所以一旦拒绝他人就会使得他们觉得害怕。如同前文所述，津巴多曾说过，容易感到难堪的人害怕被拒绝。因此，他们无法与人相处，也无法对人打开心房。

如果无法掌握“害怕表现真实自我”背后的因素，人将无法跟他人的心灵交流。依赖心强烈会酿成两种结果，一是“凡事都得仰赖对方”，另外就是“采取防卫姿态，当个乖孩子，扮演虚构的自己”。

紧紧抓牢拒绝自己的对象

一旦自我同一化失败，结果会如何？所谓自我同一化失败，首先是孩子在跟母亲的关系中，由于母亲没有给予孩子应有的“安抚”（Stroke），使得孩子对爱的索求未能得到充分的满足。

每个孩子都希望得到母亲的关注，希望母亲倾听自己。不过，这样的渴求却受到挫败，与母亲的失败关系则令孩子心灵受创。

孩子因渴求被拒，所产生的攻击性情绪并不会朝向母亲，而是往自己身上袭来。当孩子的心理越是依附母亲，就更容易憎恨自己。把怨气出在自己身上，会让心灵背负着各种伤痛。从心理上来看，对他们而言，“拒绝自己”比“拒绝母亲”更易接受。

人没能获得充分的母爱，便会怀有强烈的自卑感。为了甩掉这样的自卑感，他们会满脑子盘算并逼迫自己：要高人一等、工作要有效率、要快快熟睡、要赚大钱、要努力放松、要投入享乐……但却使得他们更痛苦不堪。这表示此人“无法停留在当下”，也正是拒绝自己的表现。与其被母亲拒绝，宁愿拒绝自己，结果竟然却更令他们焦躁。

最不可思议的是对方明明拒绝了他，他却紧紧抓住对方不放。如果在缺乏爱的环境下成长，**人们会为了取悦一个不爱自己的人，而把自己搞得心力交瘁。这点也表示他的心理还没离开母亲独立。**

幼年时期他们的渴求遭逢挫败，便自行塑造出一个“不被爱的自我形象”。为了克服这个遍体鳞伤的自我形象，他们只能紧紧抓住“理想的自我形象”。容易罹患忧郁症的人，想方设法都很难降低自我要求的标准，原因就出在这里。

对自己的要求过高，等于反映出对自己现况的失望。只要内心维持着失望的念头，要他们降低期待，可说是难上加难。

在以往的人生路上都未能满足的基本渴求，如今在他们的心底，紧紧纠缠在一起。换句话说，容易罹患忧郁症者要试着降低对自我的要求，否则就好像双腿被捆绑的人被丢入水中还想游泳却徒劳无功。

遭到“去势”的“乖孩子”

对自我受创的人来说，首要之务是得先察觉到，幼年时期受挫时，误把憎恨的矛头指向了自己。同时也必须自觉，发现自己并未经历过心理成长必需的体验。如此一来，他们就能发现，自己是因为无限扩张的规范意识而痛苦不堪；察觉到自己是因过高的自我期许而遍体鳞伤，以及因心灵丧失弹性与活力而煎熬不已。

人们说，“内心的纠葛”是引发不安的根本原因，套用另一种说法，就是“缺乏自我”吧。也就是说，当内心的两大矛盾无法得到整合，结果造成两者直接对撞。那么，要形成“理想的自我”应该历经怎么样的过程呢？

我在思考这件事时，总不禁联想到《伊索寓言》中北风与太阳的故事。大人对于孩子的“本我”，是如太阳高照，还是像北风般呼啸不停？世上有些父母就像北风，也有些父母像太阳。

孩子的父母若如北风，他们一定会变成“凡事听从的乖孩子”。北风会变成“超我”的角色，孩子对大人的依赖还未消化，就从意识层面被放逐。即使从意识中抹去，并不表示就从心中消失。

所谓的乖孩子，是心理上遭到“去势”的小孩。这种人永远都拘泥在“为人儿女”的角色，而无法成为成熟的人。当“为人子”却不是成熟的男人时，会是什么模样？即为心理上有依赖，无法完全独立的“妈宝”。对他来说，心理上的自立，等于是对他所依附的父母的一种“谋反”。

成熟，就是心理能够独立自主。**一个人跟父母的关系完成清算之前，与异性的交往不会顺遂。**如果从这点来思考，大概可以理解。

假设，一个心理上独立自主的女性和一个心理尚未离开父母的男性陷入情网，结果会如何？

女方会期望与男方灵肉合一，但男方却不打算与女方建立紧密的关系，在心理上仍需要一个能依附的人。当恋爱时，如果他的内心仍向着父母，那么这场恋情绝对不会顺遂。

要是这名男性想办法脱离了父母的制约，又会是什么样的局面呢？他会把该女子当作心理上的父母的替代品，将以往对父母所尽的任务都加在情人身上。**恋爱，会使得孩提时期建立的亲子关系模式出现变化。**“对父母的任务”跟“对情人的任务”相互矛盾、彼此冲突。

只要孩子谈起恋爱，父母的存在开始变成一种妨碍。男女关系与亲子关系，本质上并不相同。亲子关系若异常延续，或者带着神经质，孩子在心理上就有被“去势”的必要。当亲子的依存关系持续，男孩想成为男人就会显得麻烦，与父母的关系也跟着出现矛盾。不管是同性亲子或异性亲子之间都会发生这种状况。

父子关系属亲子关系，并不同于“男人与男人”的关系。当儿子要成为一个男人，父亲跟儿子之间的依存关系就会出现矛盾与破绽。

在心理健康的亲子关系中，孩子会期望成长为成熟的人而出现变化，原本与父母的依赖关系也会逐渐淡去。所谓亲子关系的变化，就是孩子走向男人或女人的过程。

亲子关系会深深影响到恋爱能否顺遂

然而，上述的状况却不存在于心理健康的亲子关系中，而是孩子遭到“去势”后仍继续维系的亲子关系。遭到“去势”的儿子维持与父母的关系，同时又要跟心爱的女人谈恋爱，会发生什么事呢？

当他谈恋爱谈得越久，便逐渐出现十分奇妙的状况。男性在心理上维持着“为人子”的角色，是心理上的依存关系。但儿子与父母的关系已经遭到“去势”，所以他会把父母原有的职责强加在情人身上，等于否定了恋爱。

因此，亲子关系未经过清算的“乖孩子”，恋爱通常不会顺利。其中，还有一个重要的问题：亲子关系中的

"去势"。

将孩子"去势"的前提是，他与父母仍维持着幼年时期的关系。**即使孩子勉强自己离开父母，如果心理层面没有成长，就需要另寻一个替代品以得到心理上的依附。**

缺乏依靠就无法独活的人，绝对会想尽办法找到另一个能依赖的人，也就是父母的替代品。这种状况下，对方如果无法跟自己维持像过去自己与父母的关系，等于不符合需求。所以，他们会想办法找到一个对象，来支持无所凭借的自己。

总之，即便他脱离了"把自己去势的父母"，依然会将那些原本属于父母所担负的任务强加在旁人身上，或者将职责推给情人。换句话说，就是要恋人放弃"恋人"的职责。对恋人来说，她想要的是"男人"，但却被强加了"否定男人"的职责。

其实，在社会上有很多类似这样的恋爱关系或夫妻关系，而这样的关系往往会面临触礁。**想要让恋情开花结果，双方都必须学会"依靠自己而活"，必须成长为"成熟男性"与"成熟女性"。**

和“把自己去势的父母”对决，不可要求恋人担负父母原有的职责。若不能做到这些，就会产生怪异现象——当男方在情人面前展现男人魅力时，会感到一种罪恶感。他会陷入一种错觉，误以为自己一旦成为“男人”，就会被情人拒绝。这是因为父母禁止儿子变得成熟，儿子也会由于做个“成熟男人”而遭到父母拒绝。

本该浓情蜜意的恋人在不知不觉间发展成无性、禁止性爱的关系。这不是在意识层面上大剌剌地宣称禁止性爱，而是在潜意识中悄悄酝酿的。恐怕，“不安”驱动人类的力量远远大过性欲。

我在电台的节目《人生咨询电话》，让我有几项惊人的发现，其中之一就是，不少年轻夫妻过着无性生活。这些夫妻至少有一方心理上还未脱离父母，并且在这种不健康的亲子关系中遭到“心理去势”。

亲子关系仿佛衬衫最上面的一颗纽扣。只要第一颗纽扣扣错了，接下来每一颗纽扣都会错位。当孩子跟父母出现精神官能症的倾向，那么他们与情人之间也会重复上演同样的戏码，一错再错。

他们会错把"无法脱离父母"当成孝顺，把对"父母的依附"解释成对父母的爱。同样地，他们将情人的心意完全会错意，居然把"不能成为男人或女人"解读成"对情人的忠诚"。

当人生第一段人际关系——"亲子关系"遭遇失败，也就预告下一段人际关系也会跟着触礁。无论是与情人的关系或是其他人际关系，遭遇瓶颈、挫折时，应该试着反省"这一切是否跟自己当下所想的相反"。

美国心理学者柯尔·怀特克（Terry Cole-Whittaker）表示，真实情况往往是相反的。当人摔了一跤，或者走投无路时，就会发现，很多真实情况与原本以为的恰恰相反。原本认为正确的，实则错误百出；原本觉得充满破绽的，没想到却是无误的。原本以为非做不可，其实做了就死路一条；而原本以为不可做的事，却非做不可。

倘若能换个角度来思考，或许就可以柳暗花明又一村，找到开拓新道路的契机吧。

结　语

父母给孩子最棒的礼物

▼
▽

有对父母对孩子说“照顾你是我这辈子最大的幸福”，而另一对父母则对孩子说“照顾你好辛苦啊”。对于孩子来说，这意思可是天壤之别。当父母照顾孩子时，若表情愉悦，那么孩子对自己的存在意义将满怀自信。

比起未来孩子长大后在社会上所得到的功成名就，父母照顾孩子时脸上洋溢的满足表情，更能赋予孩子自信。得到父母的笑容比得到金银财宝、当大老板、当知名歌手、拿诺贝尔奖，更能使孩子建立起自信心。

父母对孩子说出“照顾你让我心情愉悦”，加上举手投足间的温情传达，这些细微的举动，远比留给孩子庞大财产更能让孩子的人生过得顺遂。相反地，如果孩子在板着脸的父母身旁长大，即使之后多么成功，都无法培育出真正的自信。

父母如果一天到晚对孩子摆出施恩的态度，那么孩子是无法相信“自己的存在会给人带来喜悦”的。大部分的人走到生命的最后一刻都没能发现这个事实，没能体会到这份惊喜。

从小，他们看着父母摆出“施恩善人”的面孔。当自己为别人做了些事，看到对方开心响应，就足以令他们欢天喜地。同时，还伴随着让人目眩神迷的情感，心情犹如漫漫长夜终于等到曙光。

有些人则是被自己的弱点绊住，完全没意识到自身的长处。**问题不在于他有无优点，而是他无法意识到自身的优点。**

如何才能感受到自己一直在成长呢？如何才能体验新鲜的惊喜，品尝感动呢？要是一味注意自己的弱点而感到惶恐不安，怎么能体会与人相处的乐趣呢？怎么才能从内心感受到自身的坚强呢？

这本书的存在，也就是为了让大家试着去思考怎么样才能使得自己的生命更加惬意美好。

读者在阅读本书时，如果能够发觉到自己脱胎换骨，蜕变成与过去完全不同的自己，对我来说真是至高无上的荣耀。我相信，缺乏自信心的人应该会发觉内心的某个部分，并且感觉得到，那与现在的自己是不同的。

请大家记住这句话：无论生在何种家庭，在哪颗星的看顾下，你都能拥有属于自己的幸福。生于不幸的环境，还是要思考如何活得幸福，就是这本书的宗旨。即使诞生在不幸之星的阴影下，也不要放弃自己的人生。

祈祷每位阅读这本书的读者有一天能够发觉自己的优异、坚强之处。我由衷地祝福各位。

加藤谛三

图书在版编目（CIP）数据

不乖：哈佛导师的自我突破心理学 /（日）加藤谛三著；巫文嘉译．-- 南京：江苏凤凰文艺出版社，2018.8

ISBN 978-7-5594-2015-2

Ⅰ．①不… Ⅱ．①加… ②巫… Ⅲ．①人生哲学 - 通俗读物 Ⅳ．① B821-49

中国版本图书馆 CIP 数据核字（2018）第 090429 号

著作权合同登记 图字：10-2018-150

书　　名	**不乖：哈佛导师的自我突破心理学**
作　　者	（日）加藤谛三
译　　者	巫文嘉
责任编辑	黄孝阳 王 青
出版发行	凤凰出版传媒股份有限公司 江苏凤凰文艺出版社
出版社地址	南京市中央路 165 号，邮编：210009
出版社网址	http://www.jswenyi.com
发　　行	北京华景时代文化传媒有限公司 010-83638551
印　　刷	北京中科印刷有限公司
开　　本	880mm × 1230mm 1/32
印　　张	8
字　　数	135 千字
版　　次	2018 年 8 月第 1 版 2018 年 8 月第 1 次印刷
标准书号	ISBN 978-7-5594-2015-2
定　　价	45.00 元

（江苏凤凰文艺版图书凡印刷、装订错误可随时向承印厂调换）